Herzlich Willkommen bei KiTa-aktuell.de – Deutschlands größtem Wissensportal für Kita-Leitungskräfte

KiTa-aktuell.de ist das größte Experten- und Wissensportal für Kita-Leitungskräfte in Deutschland. Diese zentrale Wissensplattform bietet Ihnen mit den Portalbereichen Fachinfos, Experten, Fachcommunity und Online-Seminare umfassende Lösungen zu all Ihren Fragestellungen im Kita-Bereich.

Ab sofort können Sie als Premium-Mitglied unter www.kita-aktuell.de/freischalten auch die Online-Ausgabe Ihres vorliegenden Werkes kostenlos freischalten.

1. Geben Sie dazu einfach Ihren persönlichen Freischaltcode auf www.kita-aktuell.de/freischalten ein. Ihren Code finden Sie unter dem Siegel auf der Umschlaginnenseite. Dieses Siegel bitte öffnen.
2. Registrieren Sie sich als Premium-Mitglied und schalten Sie sich Ihr Produkt online frei.
3. Unmittelbar nach der Freischaltung steht Ihnen die Online-Ausgabe Ihres Produktes auf www.kita-aktuell.de unter »Meine Werke« zur Verfügung.

Bei Fragen wenden Sie sich bitte telefonisch an 0221/94373-7271 oder an kundenservice@kita-aktuell.de.

Wir wünschen Ihnen viel Vergnügen mit KiTa-aktuell.de

Ihre Redaktion von KiTa-aktuell.de

Bibliografische Informationen der Deutschen Bibliothek
Die Deutsche Bibliothek verzeichnet diese Publikation in der Deutschen Nationalbibliografie; detaillierte bibliografische Daten sind im Internet über http://dnb.ddb.de abrufbar.

Art.-Nr.06185000 – (ISBN 978-3-556-06185-5)

Der Inhalt dieses Werkes, alle Vorschriften, Erläuterungen, Anregungen und weiterführenden Fachinformationen, ist mit größter Sorgfalt zusammengestellt.

Dies begründet jedoch nicht einen Beratungsvertrag und keine anderweitige Bindungswirkung gegenüber dem Verlag. Es kann schon wegen der nötigen Anpassung an die individuellen Gegebenheiten des Einzelfalls keine Gewähr für Verbindlichkeit, Vollständigkeit oder auch Fehlerfreiheit gegeben werden, obwohl wir alles tun, einen aktuellen und korrekten Stand zu erhalten.

Quelle Umschlagfoto: Fotolia

Verantwortlich:
Carl Link, Wolters Kluwer Deutschland GmbH
Adolf-Kolping-Straße 10, 96317 Kronach
E-Mail: info@wolterskluwer.de
Internet: www.wolterskluwer.de

Satz: Satz-Offizin Hümmer GmbH, Waldbüttelbrunn
Druck: Drukarnia Skleniarz, Kraków

Inhaltsverzeichnis

1. Einleitung

1.1 Fachkompetenz pädagogischer Fachkräfte

Grundlage einer professionellen Gesprächsführung durch pädagogische Fachkräfte in einer Tageseinrichtung für Kinder sind ein solides Fachwissen über Kinder, die Verwirklichung ethischer Grundhaltungen im Umgang mit Menschen, ausreichende Kenntnisse über die unterschiedlichen Ebenen menschlicher Kommunikation, gekonnt angewandte Methoden der Gesprächsführung und soziale Kompetenzen. Durch eine professionelle Gesprächsführung und Gesprächskultur erweist sich die pädagogische Fachkraft gegenüber den Eltern fachkompetent als Vertreterin der öffentlichen Erziehung im Rahmen der Erziehungspartnerschaft zwischen Eltern und den pädagogischen Fachkräften.

1.2 Ziel der Broschüre

Diese Broschüre möchte Anregungen geben zu einer professionellen Gesprächsführung, die verschiedene Aspekte, die in die Gesprächsführung hineinspielen, berücksichtigt. Hierzu gehören eine professionelle Selbstreflexion, die Einschätzung der Eltern und des innerfamiliären Kommunikationsmusters, das Sich-Einfühlen in die emotionale Lage des Kindes innerhalb der Familie, aber auch die Fähigkeit, mitschwingende Themen aufzugreifen und in eigener Entscheidung in das Elterngespräch einzubringen oder unangemessene Themen bewusst aus dem Gespräch herauszuhalten.

1.2.1 Professionalität

Die Broschüre beginnt mit einem ausführlichen Abschnitt über Professionalität, menschliche Grundhaltungen und einer kurzen Übersicht über Methoden professioneller Gesprächsführung. Die menschlichen Grundhaltungen, spielen in alle Momente der Gesprächsführung hinein. In der Verwendung der Methoden spiegeln sich diese menschlichen Grundhaltungen wider und tragen das Gespräch.

Professionalität setzt die Fähigkeit zur fachlichen Selbstreflexion voraus. Hierzu gehört eine genaue Einschätzung des eigenen Fachwissens und der Grenzen der eigenen Fachkompetenz, sowie die Fähigkeit, dieses Wissen in verständlicher Form zu vermitteln, Anregungen durch Dritte (Eltern) in modifizierter Form in das eigene Fachwissen einzugliedern.

1.2.2 Selbstreflexion

Eine professionelle Selbstreflexion ist notwendig, weil im Kontakt zwischen Menschen der ganze Mensch mitschwingt und auf den unterschiedlichsten Ebenen Botschaften sendet. Dies bezieht sich vor allem auch auf Unausgesprochenes oder Unbewusstes, das in die Elterngespräche mit hineinwirken kann. Hierzu gehören z. B. die Einstellungen der pädagogischen Fachkräfte gegenüber den Eltern, aber auch eine bewusste Wahrnehmung wie die pädagogische Fachkraft im Gespräch auf die Eltern reagiert, in welche Rollen sie hineingedrängt wird, welche spontanen Reaktionen und Haltungen in ihr hervorgerufen werden. Ziel dieser Selbstreflexion im Elterngespräch ist es, sich die Freiheit zu bewahren, in die selbstgewählte professionelle Haltung zurückzuschwingen.

In einer professionellen Gesprächssituation sollte eine pädagogische Fachkraft der möglichen Wirkung ihres Auftretens auf die Eltern einschätzen und die Arbeitsbeziehung zwischen ihr und den Eltern überdenken können.

Im Kontakt mit Eltern sind Empathie und eine genaue Einschätzung der Lebenslage der Familien der Kinder wichtig, um die Reaktionen von Kindern zu verstehen und im Notfall korrigierend einzugreifen. Die Art der Kommunikation innerhalb der Familie gibt darüber Auskunft, welchen Wert die Familienmitglieder einander zubilligen und ob sie in der Lage sind, ihren Kindern gegenüber eine Haltung anerkennender Wertschätzung und liebevoller Fürsorge zu entwickeln und diese im konkreten Alltag mit ihren Kindern umzusetzen.

Hierfür ist eine **reflektierte aktive Gesprächsführung** notwendig. Diese beinhaltet u. a. eine klare Zielführung, die Fähigkeit, einem Elterngespräch eine eigene Struktur zu geben, die Wahrnehmung von mitschwingenden Themen, die Entscheidung, diese Themen aufzugreifen und ihnen im Elterngespräche eine angemessene Form zu geben.

Eine professionelle Gesprächskultur bietet ein gutes soziales Modell für verbindliche sach- und beziehungsorientierte Elterngespräche und kann so auch in die Beziehungsstruktur der Familien hineinwirken.

1.3 Arbeitsmaterialien

Die Broschüre wird durch Arbeitsmaterialien, Fragen zur Selbstreflexion und Schaubilder ergänzt. Die auf der Literaturliste aufgeführten Bücher weisen auf vertiefende Fachliteratur hin.

2. Grundlagen eines Elterngespräches

2.1 Erziehungspartnerschaft

2.1.1 Das Ziel der Elternpartnerschaft

Der Entschluss von Eltern, ihr Kind in einer Tageseinrichtung für Kinder anzumelden, bedeutet auch, den dort arbeitenden pädagogischen Fachkräften einen Teil der elterlichen Alltagserziehung zu überlassen. Diese Entscheidung kann von der Überzeugung der Eltern getragen werden, dass es für die eigenen Kinder sinnvoll ist, mit anderen Kindern in Kontakt zu kommen und freundschaftliche Beziehungen zu pflegen.

Im Vordergrund stehen hierbei soziales und emotionales Lernen, eine altersgemäße Weiterentwicklung der kindlichen Persönlichkeit und eines gesunden Selbstwertgefühls, eine wache Neugier als Basis Neues im Leben kennen zu lernen und in das eigene Leben zu integrieren. Hier öffnen sich beide Seiten füreinander, tauschen ihre Erziehungsvorstellungen aus und kooperieren zum Wohl der Kinder.

Bei einer partnerschaftlichen Zusammenarbeit zwischen den Eltern und den pädagogischen Fachkräften findet das Kind ideale Entwicklungsbedingungen vor: Das Kind erlebt, dass die Menschen in den Institutionen eine positive Einstellung zueinander haben und dass beide Seiten gleichermaßen an seinem Wohl interessiert sind, sich ihm gegenüber erzieherisch ähnlich verhalten.

Neben dieser idealen Vorstellung spielen in dem konkreten Zusammenspiel von Eltern und den pädagogischen Fachkräften eine Reihe von Faktoren mit, die es in der alltäglichen Arbeit mit dem Kind und den Kontakten zwischen Eltern und Kindern zu berücksichtigen gilt. Hierzu gehören die gegenseitigen Erwartungen von Eltern und pädagogischen Fachkräften, die mehr oder weniger reflektierten eigenen Lebenserfahrungen, die kulturellen Vorstellungen über Familie, die Rolle von Müttern und Vätern sowie der Stellenwert, der Kindern und Kindheit zugewiesen wird, aber auch die Bedeutung, die beide Seiten öffentlicher Erziehung beimessen.

2.1.2 Schwierige Seiten der Dynamik der Erziehungspartnerschaft

Diese Entscheidung kann für Eltern von unterschiedlichsten Erwägungen begleitet sein. Die Anmeldung eines Kindes in einer Tageseinrichtung für Kinder geht mit der Notwendigkeit einher, ein eigenes Kind einer der fremden Person außerhalb der eigenen Familie wenn auch nur zeitweilig zu überlassen und diesem Menschen Verantwortung für das eigene Kind zuzugestehen. Während die Erziehung innerhalb der Familie bislang die ureigenste Domäne der Mütter und Väter war, kann die Teilung der Erziehung mit professionellen Fachkräften bei den Müttern und Vätern Trauer um den Verlust von Nähe zu ihren Kindern hervorrufen. Kinder spüren diese Emotionen und reagieren spontan darauf.

Die Haltung der Eltern gegenüber den pädagogischen Fachkräften mag deshalb – wenn auch oft unbewusst – ambivalent sein: die Aufnahme eines Kindes in eine Tageseinrichtung für Kinder mag für die Eltern eine Entlastung bedeuten, wenn sie sich wieder ihrem Leben als Erwachsene widmen können, ihrer Arbeit nachgehen oder mehr Zeit für eventuell vorhandene kleinere Kinder aufbringen können, die ihrer Fürsorge und ihres Schutzes bedürfen. Eltern hegen dann den Wunsch, dass es den professionellen Fachkräften gelingen möge, eine tragfähige Beziehung zu den ihnen anvertrauten Kindern zu entwickeln und diese zu fördern – entsprechend dem Wohle des Kindes.

In diese Vorstellungen weben sich persönliche Lebenserfahrungen der Eltern ein, eigene Erfahrungen als Kinder, kulturelle, ethische, soziale und religiöse Vorstellungen über Kinder, Kindheit, über die Rollen der Eltern und ihr Verständnis von Erziehung, über die Funktion der Elternschaft, über die Bedeutung der Familie und das Ansinnen öffentlicher Erziehung.

Eltern, die im Grunde die Auffassung hegen, dass Kinder während der ersten Lebensjahre ausschließlich im Schutze der Mutter verleben sollten, werden sich schwertun, ihre Kinder professionellen Fachkräften zu übergeben, wenn sie wieder arbeiten gehen, um gemeinsam mit dem Kindesvater die finanzielle Basis der Familie abzusichern.

Die Eltern können hier in einen Konflikt zwischen einer realen Notwendigkeit einerseits und einem angemessenen und erwünschten elterlichen Verhalten andererseits geraten, der mit seiner Dynamik die Beziehung zwischen Eltern und Kindern beeinflusst und in die Beziehungen zwischen Eltern und den pädagogischen Fachkräften hineinspielen kann. Sofern dieser Konflikt im eigenen Erleben unbewusst und unreflektiert bleibt, kann er im Umgang zu widersprüchlichen Reaktionen und zu mannigfaltigen Verwirrrungen führen.

In einigen Fällen kann es vorkommen, dass Angebote der Jugendämter zur Unterstützung der Eltern seitens der Eltern auch als nicht annehmbare Kontrolle angesehen werden. Dies kann insbesondere dann passieren, wenn die Vorstellungen der Eltern über angemessene Hilfe und die Einschätzung des Jugendamtes und die daraus resultierenden Hilfen nicht deckungsgleich sind. Die pädagogischen Fachkräfte einer kommunalen Einrichtung können dann subjektiv als verlängerter Arm dieser Kontrollinstanz wahrgenommen werden, was eine vertrauensvolle Zusammenarbeit im Sinne des Kindes zumindest zeitweilig erschweren kann.

Bei einem hohen sozialen Status der Eltern können pädagogische Fachkräfte als »Hilfskräfte« wahrgenommen werden, die die Familie entlasten, ohne grundlegend in die Struktur der Familie einzugreifen. Eine tatsächliche oder in der Selbstwahrnehmung der Eltern hohe Statuszuschreibung kann im Gegenzug von pädagogischen Fachkräften als Abwertung ihres Status als pädagogische Fachkräfte erlebt werden.

Der Kontakt zwischen Eltern und pädagogischen Fachkräften kann dann unbewusst von einem Kampf um den Erhalt des persönlichen Status bestimmt werden, insbesondere dann, wenn in die Art der Interaktion Momente vermeintlicher Abwertungen und Verletzungen der Integrität hineinspielen. Im Kontakt zwischen Eltern und den pädagogischen Fachkräften geht es auch immer wieder im Hintergrund um den Wert, den beide Seiten sich selber und einander zubilligen.

2.1.3 Die Öffnung des Familiensystems

Wenn ein Familiensystem sich einmal geöffnet hat, kommen Kinder nicht nur mit anderen Kindern und Erwachsenen in Kontakt, sondern damit auch mit anderen Möglichkeiten, Beziehungen zu leben und zu erleben, mit Menschen, die anders als die eigenen Eltern denken und handeln. Mit zunehmendem Alter wird diese Entwicklung stärker und bewusster.

Wenn es den Eltern gelungen ist, eine tragfähige emotionale Bindung zu ihren Kindern zu entwickeln, können ihre Kinder auf der Basis von Selbstvertrauen, erlebter Zuneigung und Liebe neue Beziehungen eingehen (Bolby 2005; Holmes 2006), ohne befürchten zu müssen, die Bindungen zur eigenen Familie zu gefährden. Hierzu bedarf es einer klaren Bejahung durch die Eltern.

Ein als zu stark erlebter Einfluss der pädagogischen Fachkräfte kann bei den Eltern Ängste und Befürchtungen wecken, dass es diesen zu sehr gelingen könnte, neue und den Eltern in ihrer Lebensweise fremdartige Ideen an die Kinder heranzutragen und dadurch indirekt in die Familien hinein zu wirken. Die Familien müssen sich auf Veränderungen einstellen.

2.1.4 Die Pflege der Erziehungspartnerschaft

Pädagogisches Fachwissen, ethische Grundhaltungen, eine geschulte Empathie, gesellschaftliche Vorstellungen über Rollenerziehung und den Stellenwert von Kindern und Kindheit fließen in die Beziehung der pädagogischen Fachkräfte zu den Kindern ein und regen diese dazu an, neue Gedanken aufzunehmen und in ihr Leben zu integrieren. Die Kinder erweitern ihren Lebensraum (Oerter und Montada 2008, S. 86) und entwickeln eine eigene Persönlichkeit.

Pädagogische Fachkräfte fördern diese Entwicklung im Kontakt mit den Kindern. Die Qualität der Erziehungspartnerschaft wird im Rahmen der Elternkontakte, insbesondere während der professionell gestalteten Elterngespräche, gepflegt. Die Dynamik der professionellen Beziehung zwischen Eltern und pädagogischen Fachkräften kann dabei zwischen Kooperation und Konkurrenz schwanken.

2.2 Professionalität

2.2.1 Fachwissen, Ethik und Selbstreflexion

Zur Professionalität gehört eine umfassende Ausbildung, in der das Fachwissen vermittelt wird. Für eine pädagogische Fachkraft ist u. a. das Wissen über die physische und psychische Entwicklung von Kindern wichtig, aber auch Kenntnisse über Kommunikation, Familiendynamiken und ihre Auswirkungen auf die Kinder.

Weitere Themen sind Bildung verstanden als Förderung der kognitiven Fähigkeiten, die Förderung sozialer Fähigkeiten wie z. B. Kooperation zwischen Menschen (z. B. achtungsvolles Streiten und Versöhnen), die Förderung der Persönlichkeit des Kindes (Eigenständigkeit, Selbstachtung, Selbstwert, Authentizität). Mit Hilfe dieses Fachwissens können alltägliche Situationen, die professionelles Handeln erfordern, überdacht werden (**Reflexion**) und so neue Handlungsweisen abgeleitet werden (**Deduktion**).

Zur Professionalität gehören ebenso ethische Werte, die die Grundlage des eigenen Handelns bilden (**Ethik**). Hierzu gehören u. a. der **Respekt** vor anderen Menschen, Achtsamkeit im Umgang miteinander, eine Anerkennung der Daseinsberechtigung des Anderen, Integrität im Denken und Handeln.

Zur Professionalität in pädagogischen Berufen gehört auch eine umfassende **Selbstreflexion** über die bewussten und unbewussten Motive, die dem eigenen Handeln zugrunde liegen, sowie über den Einfluss eigener Lebenserfahrungen. Diese Reflexion ist notwendig, weil im Umgang miteinander Menschen in ihrer Ganzheit aufeinander einwirken. Weitere Qualitätsstandards sind die Ausrichtung nach Qualitätsstandards, die Bestrebung, die Qualität beruflichen Handelns zu verbessern sowie eine fachliche Spezialisierung durch Fortbildungen.

Bestandteil der Selbstreflexion bei professionellen Elterngesprächen ist zum Beispiel die Überlegung, in welcher Rolle die pädagogische Fachkraft auftritt, welches die offenen und versteckten Motive ihres Handelns sind, was sie bei den Eltern bewirken möchte und wie sich ihr eigenes Auftreten auf die Beziehung zwischen den Eltern und dem Kind auswirken können (**Rollenreflexion**). Zur Professionalität gehört auch, zwischen verschiedenen Lagen in einem eigenen Rhythmus hin- und herzuschwingen. Momenten der Nähe sollte immer auch ein Zurückschwingen in eine professionelle Distanz folgen, die dazu verhilft, das Geschehen von einem eigenen und sicheren Standpunkt aus zu betrachten.

2.2.2 Menschliche Grundhaltungen

Menschliche Grundhaltungen bilden die Basis mitmenschlichen Kontaktes. Diese Grundhaltungen fließen sowohl in den Kontakt zwischen den pädagogischen Mitarbeiterinnen im Team, zwischen Leitung und Team, zwischen Träger und Einrichtung, und in die Gesprächsgestaltung zwischen pädagogischen Fachkräften und den Eltern mit ein. Die menschlichen Grundhaltungen können auch ethisch oder religiös begründet sein und im Leitbild des Trägers ihren Widerhall finden. Gerade im pädagogischen Bereich sind ethische Grundhaltungen mit der eigenen persönlichen und beruflichen Identitätsbildung eng verknüpft. Sie bilden das Grundgerüst für Glaubwürdigkeit im Handeln und Authentizität. Wo sie nicht gewahrt werden, verstummen Menschen und ziehen sich zurück.

2.2.3 Selbstachtsamkeit

»Achtsamkeit ist ein Prozess, bei dem die Aufmerksamkeit nichtwertend auf den Augenblick gerichtet ist. Sie nimmt wahr, was ist, und nicht, was sein soll. Aufmerksamkeit ist ein Instrument, um unsere affektiven, geistigen oder körperlichen Regungen in statu nascendi zu beobachten« (Anderssen-Reuster 2007, S. 1). Aufmerksamkeit hilft, die Gegenwart bewusst wahrzunehmen.

Hierzu gehören eine nach innen gewandte Aufmerksamkeit, die auf das eigene gegenwärtige Erleben gerichtet ist und befähigt, wahrzunehmen, welche Gedanken, Gefühle, Handlungsimpulse, Phantasien und Wünsche andere Menschen in einem selbst auslösen können.

Diese bewussten Wahrnehmungen können sowohl Auskunft über sich selber geben, aber auch einen empathischen Zugang zum Gegenüber, sei es ein Kind oder ein Erwachsener ermöglichen. Zur Achtsamkeit gehören auch *»Neugier auf das, was von alleine entstehen will«* (Wurll 2007, S. 73) und die Bereitschaft zur Selbstbeobachtung. Achtsamkeit ermöglicht eine sensible Selbstwahrnehmung, verlangsamt den Prozess der Wahrnehmung und rückt ungenutzte Ressourcen in den Fokus der Aufmerksamkeit.

Ein freundlicher, liebevollkritischer Blick zu sich selber hilft auch, sich selber im Kontakt mit anderen Menschen genauer wahrzunehmen und manchmal auch überraschende Seiten an sich selber zu entdecken.

2.2.4 Wertschätzung

Die Wertschätzung ist ein zentrales Element im Kontakt mit Menschen. Wertschätzung ist verbunden mit achtungsvollem Respekt, verstehendem Wohlwollen und aufrichtiger Anerkennung und drückt sich aus in achtsamer Zugewandtheit, ernstem Interesse, wachsamer Aufmerksamkeit, liebevoller Freundlichkeit und Achtung des Selbstwertes des Gegenübers.

Die Anerkennung zielt darauf hin, den anderen Menschen in seiner Art anzunehmen und seine Art zu leben als *eine* Möglichkeit der Lebensgestaltung anzusehen, auch und gerade wenn sie sich von der eigenen Lebensgestaltung unterscheidet. Einen Menschen wertzuschätzen bedeutet, ihn als Person gelten zu lassen und persönliche Eigenheiten als wertvolle Bereicherung anzusehen.

2.2.4.1 Wertschätzung zielt nicht direkt auf Veränderung

Wertschätzung als Grundhaltung möchte nicht verändern. In der Wertschätzung zollt man einem andern Menschen Achtung für die Art, wie er oder sie sein/ihr Dasein gestaltet. Wertschätzung zielt explizit nicht auf Veränderung hin, sondern auf Anerkennung. Einem Menschen Wertschätzung entgegenbringen bedeutet auch zu zeigen, dass ein Kampf um Anerkennung, der oft als unbenanntes, unbewusstes und oftmals auch als störend empfundenes Beziehungsthema in den Kontakt zwischen Menschen hineinspielt, nicht notwendig ist. Wertschätzung trägt so dazu bei, dass Menschen sich im Kontakt sicherer fühlen und auf einen sonst üblicherweise mitschwingenden Eigenschutz verzichten können. Die nicht verändern wollende Wertschätzung und Akzeptanz führt paradoxerweise zu Veränderungen. Die Wertschätzung und Akzeptanz müssen aber auf der Basis einer inneren Überzeugung erfolgen, sonst wird der manipulative Charakter spürbar und statt einer Veränderungsbereitschaft werden Widerstand und Abwehr provoziert.

2.2.4.2 Wertschätzung als Einladung zur Begegnung

Einem Menschen Wertschätzung entgegenzubringen wirkt wie eine Einladung zu einer offenen und vertrauensvollen Begegnung zwischen Menschen: *»Ich habe Dir etwas zu sagen, bist Du bereit, es zu hören? Kannst Du im Moment zuhören?«* (Satir 1989, S. 106). Wertschätzung anerkennt und fördert den Selbstwert, den ein Mensch sich selber zubilligt. *»Je stärker der Selbstwert eines Menschen ist, um so leichter fällt es ihm, den Mut zur Veränderung des eigenen Verhaltens aufzubringen und aufrechtzuerhalten«* (Satir 2004, S. 57).

Wertschätzung gegenüber anderen Menschen lässt sich nur aufbringen bei einer vorhandenen würdevollen Wertschätzung gegenüber der eigenen Person (**Selbstachtung, Selbstwert**). Im Kontakt zwischen Menschen – und dies gilt auch für professionelle Elterngespräche – kann nur Einstellungen und Haltungen weitergegeben werden, welche die pädagogische Fachkraft ins eigene Leben, sei es beruflich oder privat, integriert hat.

2.2.5 Authentizität

2.2.5.1 Authentizität verhilft zu weitgehender Unabhängigkeit

Authentische Menschen handeln als Individuum auf Basis eigener Überzeugung. Dazu gehört Selbstfindung, objektive Selbsterkenntnis und der Mut anders, individuell zu sein (**Eigenständigkeit im Denken und Handeln**) und die Entwicklung eines eigenen Wertesystems, das gegenüber Beeinflussungsversuchen durch Dritte weitgehend unabhängig ist.

Authentizität setzt eine Kenntnis der eigenen Persönlichkeit und ein Bewusstsein über die eigenen Motive des Handelns voraus. Eine wohlwollend kritische **Selbstreflexion** über die Rollen, die in sozialen Kontakten eingenommen werden, hilft, die persönliche Authentizität zu wahren.

Authentische Menschen können es sich leisten, ehrlich zu sein und **eigene Überzeugungen** zu vertreten, auch wenn sich diese von den Überlegungen anderer unterscheiden. Sie handeln gemäß ihren eigenen Prioritäten und richten sich nicht nach vermeintlich negativen Konsequenzen oder unangemessenen Erwartungen anderer Menschen aus.

Authentizität hilft, die eigene Unabhängigkeit zu wahren. Diese Ausrichtung spart psychische Kraft, die eher abhängige Menschen benötigen, um sich immer wieder nach anderen Menschen und ihren Werten auszurichten. Ihre psychische Kraft können authentische Menschen dazu verwenden, einem eigenen Weg zu folgen und dabei kreativ zu sein. Authentizität hat somit einen handlungsleitenden Bezug zu der eigenen Person.

2.2.5.2 *Authentizität achtet den Selbstwert des Gegenübers*

Authentische Personen sind in der Lage, die eigenen Überzeugungen anderen Menschen anzubieten (hoher Selbstwert), ohne diese jedoch manipulieren zu müssen. In der Begegnung mit anderen Menschen achten authentische Menschen deren Persönlichkeit, auch, weil sie ihre eigenen Grenzen und Möglichkeiten kennen.

2.2.5.3 *Authentizität fördert die Persönlichkeitsentwicklung*

In Elterngesprächen fällt es authentischen Menschen leichter, eigene Überlegungen und Einschätzungen zu offenbaren und die Eltern zum Mitdenken einzuladen. Rogers (2009) bezeichnet »Echtheit« neben »Kongruenz« und »unabdingbarer Wertschätzung« als wichtige Therapeuten-Variablen im professionellen Kontakt mit Menschen. Diese Grundhaltungen lassen sich aber auf alle Formen professioneller Gesprächsführungen anwenden, deren Ziel es ist, menschliches Wachstum in sozialen Bezügen zu fördern.

2.2.6 Verantwortung in sozialen Beziehungen

Verantwortung bedeutet auch, für das eigene Handeln, seine Motive und die Konsequenzen gerade zu stehen, zunächst vor sich selber, wenn es um die eigene Lebensgestaltung geht.

Sachverantwortung: Die Verantwortung von Fachkräften umfasst dabei mehrere Aspekte: Sie muss garantieren, dass alles richtig gemacht wird, d. h., dass alle professionellen und fachlichen Standards eingehalten.

Sozialverantwortung: Sie muss dafür sorgen, dass das erwartbare Handeln auch in spezifischen Rollen und Situationen umgesetzt wird und nötigenfalls hierbei Hilfestellung zu leisten.

Moralische Verantwortung: Sie muss alles auch so ausrichten, dass die Grundrechte aller Beteiligten auf die eigene Lebensführung berücksichtigt werden.

Fähigkeitsverantwortung: Zur Fähigkeitsverantwortung gehört die Bereitschaft, die eigenen Fähigkeiten zu fördern und in das berufliche Handeln zu integrieren (Buer 2008, S. 138).

Verantwortung vollzieht sich im Rahmen menschlicher Beziehungen. Die Verantwortungsethik stellt die Folgen, die persönliches Handeln auf andere Menschen und die Umwelt aufweist, in den Mittelpunkt der Bewertung, während persönliche Motive und Beweggründe eigenen Handelns in den Hintergrund rücken.

Für die Führung professioneller Elterngespräche setzt soziale Verantwortung Einfühlung in die Lebenswelt der Eltern voraus und die Bereitschaft, eigene pädagogische Überzeugungen und fachliches Wissen gegenüber den Eltern so darzulegen, dass es den Eltern leicht gemacht wird, diese Ideen und ihre Notwendigkeit nachzuvollziehen und zum Wohle des Kindes umzusetzen.

Beziehungsverantwortung: Im Rahmen des Kommunikationsmodells von Schulz von Thun (2011) bedeutet dies zum Beispiel, dass der Sender durchaus auch Verantwortung dafür trägt, ob und inwieweit der Empfänger die Botschaft hören und annehmen kann. Verantwortung zeigt sich auch in der Verbindlichkeit, die Beziehungen beigemessen wird.

2.2.7 Ressourcen

2.2.7.1 Fachwissen als Ressource

Zu den Ressourcen pädagogischer Fachkräfte gehört in erster Linie ein breites Fachwissen, das bei weitem über die Alltagserfahrungen von Eltern mit ihren Kindern hinausragt.

Auch das breite Erfahrungs- und Handlungswissen, das im Umgang mit vielen Generationen von Kindern erworben wird, bildet zusammen mit dem theoretischen Wissen eine solide Basis, Kinder und ihre psychische, physische, geistige und soziale Entwicklung sachgerecht einzuschätzen, Kinder sachgemäß zu begleiten und zu fördern.

Der Blick auf Ressourcen vertraut darauf, dass Menschen die Fähigkeit zur Weiterentwicklung in sich tragen. Menschen als soziale Beziehungswesen benötigen für ihre Entwicklung den Zuspruch und das Vertrauen anderer Menschen, um ihre Kräfte voll entfalten zu können. Insbesondere in Elterngesprächen gilt es, das Fachwissen und die spezifischen Kenntnisse über das jeweilige Kind zusammenzutragen und den Eltern als fachlich fundiertes Wissen einer pädagogischen Fachkraft zu vermitteln und – wenn dies notwendig sein sollte – auch zu verteidigen.

Die Sicherheit des eigenen Fachwissens liegt in der Verantwortung der pädagogischen Fachkraft. Die Verantwortung bezieht sich sowohl auf den Erwerb des Fachwissens als auch auf die Kenntnis und Reflexion eigener sozialer Kompetenzen. Hierzu gehören die Fähigkeit, Fachwissen im Elterngespräch angemessen zu präsentieren, aber auch die persönliche Überzeugung, sich selber als wertvolle professionelle Fachkraft wahrzunehmen und dies im Elterngespräch überzeugend zu vermitteln.

2.2.7.2 Einfühlung als Grundlage menschlichen Verstehens

Im Kontakt mit Menschen ist die Fähigkeit, sich in das Gegenüber einzufühlen, von zentraler Bedeutung. **Einfühlung** (Empathie) ermöglicht, sich in die Erlebniswelten anderer Menschen emotional hineinzuversetzen, sich für einen Moment die Sichtweisen dieses Menschen zu eigen zu machen, die Welt mit seinen Augen zu sehen und sich mit den Augen des Gegenübers wahrzunehmen.

Das Einfühlungsvermögen lässt sich als Grundlage menschlichen Verstehens begreifen. Einfühlung bildet die Grundlage gelingender menschlicher Beziehungen. Eine offen gezeigte Einfühlung befriedigt auch den tiefsitzenden Wunsch nach menschlicher Anerkennung *(»Ich sehe Dich wie Du Dich wahrnimmst und so darfst Du auch sein«)*.

Einfühlung in Familienbeziehungen

Der pädagogischen Fachkraft ermöglicht die Einfühlung zu verstehen, wie ein Kind sich im Beziehungsgefüge der Familie verhält, welchen Erwartungen und Strebungen es ausgesetzt ist, wie es das Verhalten der Eltern aus seiner Sicht erlebt.

Das Einfühlungsvermögen befähigt auch, sich die Beweggründe eines Kindes innerhalb der Familie vorzustellen *(»Ich habe den Eindruck, dass Du traurig bist«)*. Einfühlung bezieht sich zunächst auf einzelne Personen, ihre Sichtweisen und ihr Erleben. Einfühlung bezieht sich auch auf das Beziehungsgefüge von Menschen *(»Ich habe den Eindruck, dass Du traurig bist, weil Dein Vater am Wochenende nicht mit Dir gespielt hat«)* und die Verbindlichkeit innerfamiliärer Beziehungen *(»Ich habe den Eindruck, dass Du traurig bist, weil Dein Vater am Wochenende nicht mit Dir gespielt hat, obwohl er es Dir versprochen hat«)*.

Die Einfühlung kann sogar das Einfühlungsvermögen innerhalb der Familie in den Fokus der Aufmerksamkeit rücken. Die Äußerung gegenüber einem Kind könnte lauten: »*Ich sehe dass Du traurig bist. Du hast Dich darauf gefreut, dass Dein Vater am Wochenende mit Dir spielen wollte. Er hat Dich vergessen. Und er hat nicht daran gedacht, dass Dich das traurig machen könnte.*«

Das Einfühlungsvermögen zeugt von Mitgefühl und bietet emotional sehr viel Nähe an. Professionalität zeigt sich hier in der »*Präsenz als Mitmensch, der mit Verstand und Gefühl an den Prozessen seiner Klienten beteiligt ist*« (Schmidt-Lellek 2008, S. 249).

Zu einem reflektierenden und reflektierten Einfühlungsvermögen gehört aber auch, aus der Nähe des Sich-Einfühlens herauszutreten und in eine eigene Position zurückzuschwingen. Diese professionelle Distanz verhilft dazu, einen Menschen mit all seinen Verhaltensweisen, Motiven und Strebungen umfassend wahrzunehmen und aufgrund des vorhandenen Fachwissens sachlich einzuordnen.

Einfühlung als umfassendes Erkennen

Einfühlungsprozesse können auch wechselseitig sein. Diese »Zweifühlung« ist ein »*augenblickliches gegenseitiges Innewerden der Persönlichkeit des Anderen und seiner gegenwärtigen Befindlichkeit. Es beruht auf dem Gefühl und er Erkenntnis für die wirkliche Situation für die andere Person*« (Ameln, Gerstmann, Kramer 2009, S. 212).

Im Kontakt unter Menschen oder beim Elterngespräch können diese Momente des sich gegenseitigen emotionalen Erkennens und Begreifens sehr bewegend und kostbar sein und eine gute Basis für neue Erfahrungen miteinander bilden.

2.2.8 Soziale Kompetenz

Neben dem Einfühlungsvermögen (**emotionale Kompetenz**) existieren weitere persönliche Ressourcen und soziale Kompetenzen, die die pädagogischen Fachkräfte in modifizierter Form in die Elterngespräche einbringen können. Im Konzept der sozialen Kompetenz lassen sich die oben genannten Grundhaltungen, persönliche Ressourcen und emotionale Kompetenzen, zusammenfassen.

Soziale Kompetenz lässt sich als ein umfassendes Konzept von Verhaltensweisen und Handlungsstrategien verstehen, die einem Menschen dazu verhelfen, kontakt- und kommunikationsfähig zu sein, eigene Belange gewandt zu vertreten, ohne andere zu manipulieren (**Authentizität**), sich in die Gedankenwelt des Gegenübers einzufühlen, ohne eigene Wünsche und Ziele aus den Augen zu verlieren.

Soziale Kompetenz basiert auf einem gesunden **Selbstbewusstsein**, einer angemessenen **Selbsteinschätzung** der eigenen Person mit ihren Fähigkeiten, Ressourcen, Eigenheiten und Grenzen, Klarheit der Gedanken und des sprachlichen Ausdrucks und der ethischen Haltung, andere Menschen gelten zu lassen. Selbstachtung und Selbstachtsamkeit, Achtsamkeit und Akzeptanz des Gegenübers, menschliche Wertschätzung bilden die ethische Grundlage sozialer Kompetenz. Soziale Kompetenz befähigt Menschen, in ihrer Kommunikationskultur eine hohe Qualität und ihre geistige Freiheit zu wahren.

Soziale Kompetenz beruht im Umgang mit sich selbst auf einem positiven **Selbstwertgefühl** und **Selbstvertrauen**, der Fähigkeit zu einer angemessenen **Selbstbeobachtung** und **Selbstwahrnehmung**, der Bereitschaft, Verantwortung für das eigene Handeln zu übernehmen, der Überzeugung, mit dem eigenen Handeln gezielt auf die Welt einwirken zu können (**Selbstwirksamkeit**), der Fähigkeit zur **Selbststeuerung** und Selbstachtsamkeit.

Im Umgang mit anderen Menschen stehen Qualitäten wie Achtung der Persönlichkeit, **Respekt** vor deren Lebensleistungen, reflektierendes Einfühlungsvermögen, Kompromissfähigkeit, höflich gehaltene Kritikfähigkeit, die Wahrnehmung der Ressourcen des Gegenübers und sprachliche Ausdrucksfähigkeit im Vordergrund. Hierzu gehören auch die Klarheit der Gedanken und der sprachlichen Umsetzung im Kontakt mit Eltern (Schulz 2010).

Soziale Kompetenz ist rollengebunden. Hier geht es um die berufliche Rolle als pädagogische Fachkraft. Die Art der Umsetzung sozialer Kompetenz im Berufsalltag kann sich durchaus von der sozialen Kompetenz, die eine pädagogische Fachkraft in anderen Lebensrollen verwendet, zum Beispiel im Privatleben, unterscheiden.

So kann es durchaus vorkommen, dass eine pädagogische Fachkraft sich im Kontakt mit anderen Menschen im Privatleben vorsichtig und zurückhaltend zeigt *(»Ich weiß nicht, ob ich das so direkt sagen kann ... Ich warte lieber ab ...«)*.

In einem Elterngespräch in der beruflichen Rolle kann sie Klarheit in der Vermittlung von Sachinhalten zeigen *(»So wie ich die psychische Entwicklung Ihres Kindes einschätze ...«)* fachlich angemessene Empfehlungen aussprechen *(»... und daher bitte ich Sie, Ihr Kind zeitnahe bei einer Ergotherapeutin vorzustellen ...«)* und zum Wohle des Kindes Verbindlichkeit einfordern *(»... und uns über das Ergebnis zu informieren ..., damit wir uns hier besser auf Ihr Kind X. einstellen können«)*.

Gedankenbremsen: Typische Gedankenbremsen wie *»Darf ich das den Eltern so direkt sagen?« »Was denken die Eltern dann?« »Sollte ich nicht eher nur andeuten und hoffen, dass die Eltern mich verstehen?« »Steht es mir überhaupt zu, den Eltern eine Einschätzung über ihr Kind mitzuteilen?«* werten das eigene fachliche Können ab und schmälern die zur Verfügung stehende soziale Kompetenz. Die Antwort auf die eben zitierten Fragen lautet eindeutig *»Ja, ich darf!«*.

Klarheit im Denken: Fachliches Können und soziale Kompetenz erweisen sich in der Klarheit der eigenen Gedanken und der verwendeten Sprache. Es ist Teil der Verantwortung gegenüber dem Kind, den Eltern, dem Träger und sich selber gegenüber, eigenständige fachliche Einschätzungen über ein Kind vorzunehmen und dieses Wissen den Eltern als Anregung zur Verfügung zu stellen.

Es gehört etwas Mut dazu, das eigene Wissen und Können vorzuzeigen *(»Es gehört zu meinen Aufgaben als pädagogische Fachkraft, Eltern dazu anzuregen, sich über ihre Beziehung zu ihrem Kind Gedanken zu machen.« »Es ist Teil meiner beruflichen Aufgaben Eltern zu motivieren Ihr Verhalten ihrem Kind gegenüber zum Wohle des Kindes zu verbessern«)*.

Grenzen überschreiten: Ein Ziel eines professionellen Gespräches mit Eltern ist, diese an Grenzen heranzuführen und sie zu ermutigen, diese Grenzen durch Selbstreflexion, Nachdenken über die Beziehung zwischen Eltern und dem Kind, dazu zu bewegen, Neues zu wagen und eigene Grenzen zu überschreiten.

Dies kann sich in einer kleinen Veränderung im Alltag zeigen: zum Beispiel bei einem Vater, der ab und zu früher nach Hause kommt und mit seinem Kind spielt und es als lebenserfüllend ansieht, die rasche Entwicklung seines Kindes bewusst mitzuerleben. Oder bei einer alleinerziehenden Mutter, die sich bewusst mehr Zeit für sich selber nimmt (zum Beispiel den Tag damit beginnt, dass sie ein Buch liest oder musiziert), um sich dann ausgeruht und bewusst auf Ihr Kind einlässt.

2.2.9 Methoden der Gesprächsführung

Zur professionellen Gesprächsführung sollten Sie kompetent mit Gesprächsmethoden umgehen können. Mögliche Methoden sind:

- aktives Zuhören,
- Spiegeln emotionaler Inhalte,
- Rückmeldungen zum Verhalten geben,
- Stärken und Ermutigen,
- Anknüpfen an ein bekanntes Thema,
- Fragen zu Beziehungen innerhalb der Familie stellen (Beziehungsfragen),
- explorierende Fragen, um Zusammenhänge zu klären,
- Motivieren, etwas Neues auszuprobieren,
- Ideen und konstruktive Zweifel säen,
- Zusammenfassen und Strukturieren von Sachinhalten,
- komplizierte Sachverhalte auf das Wesentliche zentrieren,
- humorvolle Provokation, um neues Denken und Handeln zu ermöglichen,
- freundliches Unterbrechen, um eine professionelle Gesprächskultur zu ermöglichen,
- echtes Interesse zeigen,
- Ideen und Gedanken veranschaulichen,
- Verwendung von Symbolen,
- Anregung zum gedanklichen Rollentausch der Eltern mit dem Kind,
- Ideen der Eltern gedanklich interpretieren,
- empathisches Verständnis über das Verhalten der Eltern zeigen,
- Umdeuten von Ideen und Handlungen, um diese in einen für die Eltern akzeptablen Zusammenhang zu stellen oder neue Ideen und Sichtweisen zu fördern.

Die Methoden werden im Rahmen dieser Broschüre ausführlicher behandelt und anhand von Beispielen verdeutlicht (Kapitel 6).

2.3 Zusammenfassung

Die pädagogische Fachkraft tritt im Elterngespräch in einer professionellen Rolle auf. Diese professionelle Rolle beinhaltet Fachkompetenz, soziale Fertigkeiten und soziale Kompetenzen, Klarheit im Handeln und im Denken, Selbstreflexion, Reflexion von Beziehungsstrukturen in der Familie des Kindes und zwischen den Eltern und der pädagogischen Fachkraft.

Die Spannbreite der Erziehungspartnerschaft zwischen Eltern und der pädagogischen Fachkraft erfordert Flexibilität in der Gestaltung professioneller Elterngespräche, bei der sowohl Momente gedeihlicher Kooperation im Vordergrund stehen, aber auch Zeiten von Konkurrenz die Erziehungspartnerschaft beeinflussen können. Professionelle Einschätzungen von Menschen, seien sie Kinder oder Erwachsenen, können mit persönlichen Anschauungen und Lebenserfahrungen der Eltern übereinstimmen. Ein lebendiger Dialog zwischen der pädagogischen Fachkraft und den Eltern kann dazu führen, gute Lösungen zum Wohle des Kindes zu entwickeln.

? Fragen zur Selbstreflexion

Welche ethischen Grundhaltungen sind mir im Umgang mit mir und anderen Menschen wichtig?

Wie vermittle ich diese ethischen Grundhaltungen im Gespräch mit den Eltern?

Wie gehe ich damit um, wenn andere Menschen meine ethischen Grundhaltungen nicht verstehen oder diese ihnen nicht so wichtig sind?

Was kann ich tun, wenn ich bei den Eltern, die vor mir sitzen, kaum etwas finde, was Anerkennung verdient?

Wie sieht eine professionell reflektierte und sozial kompetente Intervention auf Ablehnung oder Abwertung meiner ethischen Grundhaltungen aus?

Auf welche Fähigkeiten und Ressourcen greife ich in einem Elterngespräch zurück. Wie kann ich mich gedanklich dazu ermutigen, alle meine Fähigkeiten, die ich für dieses Elterngespräch benötige, auch zu verwenden?

Welche Gesprächsmethode ist mir am vertrautesten und typisch für mich?

3. Anlässe für ein Elterngespräch

3.1 Tür- und Angelgespräche

Es gibt zahlreiche Anlässe für Elterngespräche. Kurze Kontakte ergeben sich in **Tür- und Angelgesprächen**. Sie beinhalten oft nur einige Sätze und dienen einem kurzen Informationsaustausch.

Die Kontakte sind kurz, oft auch unter Zeitdruck, und bergen die Gefahr von Missverständnissen in sich. Tür- und Angelgespräche können aber auch auf wichtigere Themen hinweisen und damit den Charakter von Anmeldungen für intensivere Elterngespräche aufweisen.

Es bedarf eines sorgfältigen Hinhörens Ihrerseits, um zu erfahren oder manchmal auch zu erahnen, ob und welche Absichten im Kurzkontakt eines Tür- und Angelgespräches mitschwingen.

Insbesondere unsichere Menschen tendieren manchmal dazu, wichtige Themen nur kurz anzudeuten. Sie sind ambivalent, ob sie das Thema ansprechen wollen und bedienen sich eventuell des Zeitdruckes, der einem Tür- und Angelgespräch innewohnt, um ihre eigene Ambivalenz zu verbergen.

Hinweis: Die Andeutung oder Erwähnung eines Themas kann auf den Wunsch hindeuten, von den pädagogischen Fachkräften gehört, verstanden und eingeladen zu werden, ohne die Verantwortung für die Initiative übernehmen zu müssen. In einzelnen Fällen kann es durchaus vorkommen, dass Sie einen verdeckten Wunsch eines Elternteils durchaus achtsam wahrnehmen und die Einladung zu einem weiterführenden Elterngespräch aussprechen, plötzlich aber auf Ablehnung stoßen *(»Ach, es reicht mir, was wir eben besprochen haben«)*.

Nicht immer können Eltern wahrnehmen oder mitteilen, was das offene Aussprechen ihres angedeuteten Wunsches in ihnen auslöst. Manche sind dankbar, andere bleiben dem vorgeschlagenen Termin für das Elterngespräch fern, ohne den wirklichen Grund zu offenbaren.

Spontane Gründe für kurze Gespräche zwischen Tür und Angel sind oftmals vermeintliche Ungerechtigkeiten, die dem Kind widerfahren sein sollen. Diese basieren zum Teil auf den subjektiv gefärbten Berichten der Kinder über ihre Erfahrungen in der Tageseinrichtung für Kinder und können bei den Eltern neben wohlüberlegten Handlungen *(»Wir kennen unser Kind«)* höchst emotionale Reaktionen hervorrufen.

Beispiel: So kann Sand in den Haaren eines Kindes nach einem längeren Spielen im Sandkasten mit mehreren Kindern durchaus dazu führen, dass Eltern sich bei der Leitung darüber beschweren, dass ihr Kind nicht angemessen beaufsichtigt wird (mangelnde Sorgfalt in der Aufsichtspflicht).

3.2 Entwicklungsgespräche über das Kind

Der Austausch über die Entwicklung der Fähigkeiten und Fertigkeiten des Kindes zwischen den pädagogischen Fachkräften und den Eltern erfolgt in der Regel einmal im Jahr. Diese Gespräche können auch Informationen über eine normale physische, psychische und soziale Entwicklung des Kindes beinhalten und Anregungen für einen förderlichen Umgang der Eltern mit ihrem Kind geben.

Die Gespräche beinhalten auch Beobachtungen über Fähigkeiten und Ressourcen der Kinder, gleichen diese mit den Erfahrungen der Eltern ab und zielen darauf, die Entwicklungschancen der Kinder zu erhöhen. Besonders Augenmerk kann dabei auf die Förderung der Persönlichkeit des Kindes gelegt werden sowie auf die Wichtigkeit eines angemessenen Selbstwertes.

Die fachlichen Rückmeldungen (z. B. Fähigkeit des Kindes zum gemeinsamen Spielen => Kooperationsfähigkeit; Fähigkeit des Kindes, eigene Wünsche zu äußern => Wahrnehmung eigener Wünsche, Selbstwert) können in Eltern die Idee stärken, dass sie in der Erziehung ihrer Kinder viel richtig machen und so die Bindung zwischen Eltern und Kindern stärken.

Schwieriger gestalten sich die Elterngespräche, wenn bei dem Kind Entwicklungsdefizite festgestellt wurden. Hier müssen Sie seitens der Eltern immer wieder auch mit Abwehr *(»Das sehen wir aber ganz anders«)* und Verleugnung *(»Das stimmt doch gar nicht. Der Kinderarzt sagt aber, dass unser Kind gesund ist«)* rechnen.

Hinweis: Weisen Sie hier auf effektive Förderungsmöglichkeiten hin und erweitern Sie so den Blick der Eltern für eine umfassende Wahrnehmung des Kindes mit all seinen Stärken und Schwächen, Ressourcen und Fähigkeiten.

Bei Auffälligkeiten des Kindes in seinem Verhalten gegenüber anderen Kindern wie

- aggressivem Verhalten (Kind schlägt andere Kinder),
- sozialem Rückzug (Kind sitzt in der Ecke, spricht und spielt mit niemandem mehr),
- beobachteten Verletzungen (blaue Flecke),
- körperlicher Vernachlässigung (Kind hat ungeputzte und im weiteren Verlauf dauerhaft schlechte Zähne),
- wiederholt für das Wetter unangemessene Kleidung (T-Shirt ohne Überbekleidung im Winter)

sind Elterngespräche notwendig, um die Hintergründe des Verhaltens zu klären. Die Kenntnis der familiären Verhältnisse hilft dabei, das Verhalten des Kindes zu verstehen und angemessen gegenzusteuern.

Beispiel: Der soziale Rückzug des Kindes und aggressives Verhalten gegenüber anderen Kindern können Hinweise auf emotionale Spannungen in der Familie (chronisches Streiten der Eltern), auf aktuelle Krisen (Kinder spüren die Angst der Eltern vor Arbeitslosigkeit und sozialem Abstieg), auf Familiengeheimnisse (außerpartnerschaftliche Beziehungen eines oder beider Eltern und verschwiegene Kinder), auf längere Erkrankungen eines der Elternteile oder auf den Tod von liebgewonnenen Familienmitgliedern (Großeltern, Geschwister der Eltern) geben.

Auffällige Verhaltensweisen der Kinder können aber auch auf ein generelles Defizit der Fähigkeit der Eltern hinweisen, sich in angemessener Weise um das Wohl des Kindes zu kümmern oder ein Zeichen sein für einen schädigenden Umgang innerhalb der Familie (Maywald 2009).

Es kann auch vorkommen, dass sowohl die Eltern als auch die pädagogischen Fachkräfte auffällige Verhaltensweisen eines Kindes beobachten. Bei dem Elterngespräch, das sowohl auf Initiative der pädagogischen Fachkräfte als auch auf Wunsch der Eltern vereinbart wird, kann es um den Austausch von Informationen und gemeinsame Überlegungen zum Wohle des Kindes gehen.

Beispiel: Ein Kind fällt sowohl in der Tageseinrichtung als auch zu Hause dadurch auf, dass es zwischendurch wie geistesabwesend erscheint.

Bei starker emotionaler Belastung oder einem Mangel an persönlicher Struktur können in spontanen Gesprächen auch Themen eingebracht werden, die bei genauerer Betrachtung eine andere fachliche Kompetenz erfordern als die der pädagogischen Fachkräfte einer Kindertagesstätte oder eines Familienzentrums.

Das Einbringen von Themen wie *»Ich streite mich nur noch endlos mit dem Kindesvater. Soll ich mich von ihm trennen? Was meinen Sie?«* oder *»Ich bin schon wieder schwanger. Soll ich das Kind austragen?«* zeugen davon, dass die Gesprächspartner sich nicht über die Grenzen der fachlichen Kompetenz der pädagogischen Fachkräfte bewusst und/ oder dass im Moment ihre kognitiven Fähigkeiten zur Selbststeuerung (affektgesteuertes Handeln) eingeschränkt sind.

Hinweis: Hier ist es sinnvoll, wenn Sie Verständnis für die Lage der Mutter oder des Vaters zeigen. Weisen Sie aber gleichzeitig auf weitere professionelle soziale Dienste hin (Paarberatung, Trennungs-/ Scheidungsberatung, Schwangerschaftskonfliktberatung) und setzen Sie so souverän Grenzen für Ihre eigene Zuständigkeit.

Elterngespräche dienen auch dazu, den Eltern den Sinn pädagogischen Handelns zu erklären und sich als kompetente Fachkraft darzustellen. Auch können diese dazu anregen, über ihre Rolle als Eltern nachzudenken und ihr Verhalten gegenüber ihren Kindern zu verändern. Dies gilt insbesondere dann, wenn die Eltern zeigen, dass es ihnen an der Fähigkeit fehlt, ihre Kinder stringent liebevoll zu erziehen, falls sie in einer eigenen Beziehungsdynamik verfangen sind.

3.3 Zusammenfassung

Neben spontanen Anlässen und den jährlich vereinbarten Entwicklungsgesprächen existieren eine Vielzahl anderer Anlässe für Gesprächskontakte zwischen den pädagogischen Fachkräften und den Eltern. In einer besonderen Rolle sind die Eltern im Elternbeirat. Hier stehen der fachliche Austausch, aber auch Vermittlungs- und Verständigungs-gespräche im Fokus der Aufmerksamkeit. Hierzu gehört die Darlegung des Konzeptes der Einrichtung. Neben einer kompakteren Darstellung während eines ersten Elternabends kann es sich als sinnvoll und notwendig erweisen, Eltern im Rahmen kurzer Gespräche zu zeigen, welche konzeptionellen und pädagogischen Überlegungen hinter den von Eltern beobachteten Alltagszenen liegen.

4. Vorbereitung eines Elterngespräches

Zu einem Elterngespräch gehören verschiedene Aspekte, die berücksichtigt werden sollten. Eine umfassende Vorbereitung dient dabei der Qualitätssicherung des Elterngespräches und vermittelt den pädagogischen Fachkräften auch bei unvorhergesehenen Wendungen Sicherheit und Struktur.

Die folgenden Überlegungen beziehen sich auf die äußere Struktur eines Gespräches und deren Auswirkung auf das soziale Verhalten der Eltern während des Gespräches.

4.1 Bewertung des Anlasses

Zu Beginn steht die Entscheidung der pädagogischen Fachkräfte, ob ein Elterngespräch geführt werden soll. Hierzu gehören die **Bewertung des Anlasses** (z. B. Verhalten des Kindes, Wunsch der Eltern) und die Frage, ob ein Elterngespräch die angemessene Antwort auf den ausgewiesenen Anlass darstellt. Neben einem sachlich klar benennbaren Thema ist hier vor allem die Motivation zum gemeinsamen Gespräch zu berücksichtigen.

Welches **Anliegen** verbinden die pädagogischen Fachkräfte mit dem Elterngespräch? Welches offene oder verdeckte Anliegen liegt dem Wunsch der Kindesmutter oder der Kindeseltern nach einem Gespräch zugrunde?

4.2 Ziele

Wenn die Entscheidung für das Elterngespräch gefallen ist, gilt es zu klären, welche Ziele das Elterngespräch verfolgt.

Die Ziele einzelner pädagogischer Fachkräfte können sich dabei durchaus unterscheiden. Hier ist es wichtig, dass alle Ziele schon in der Vorbereitung angesprochen werden. Dies ermöglicht, über die Ziele und die dahinterliegenden Motivationsstränge nachzudenken, die Ziele neu zu überdenken und gegebenenfalls zu verändern.

4.2.1 Personenbezogene Ziele

Ein **personenbezogenes Ziel** kann darin liegen, dass die Mutter darüber nachdenkt, was ihr Kind ihr bedeutet. Ein weiteres solches Ziel kann darin liegen, dass der Vater sich entschließt, sich mehr Zeit für sein Kind zu nehmen. Da Menschen in einem sozialen Netz leben, wirken sich persönliche Verhaltensänderungen auf die Menschen, die diesem sozialen Netz angehören, aus.

Dies gilt insbesondere für Familien. Die Umsetzung personenbezogener Ziele wirkt sich auf die Beziehungen innerhalb der Familie aus. Wenn sich ein Vater mehr Zeit für sein Kind nimmt und damit seiner Verantwortung als handelnd liebender Vater nachkommt, kann dies die Mutter entlasten und sich auch entspannend auf die Paarbeziehung auswirken.

4.2.2 Beziehungsbezogene Ziele

Ein beziehungsbezogenes Ziel kann darin liegen, die Mutter dazu bewegen, sich auf einen intensiveren Kontakt mit dem Kind einzulassen *(»miteinander spielen«)*, statt es beim Bügeln nebenher zu beaufsichtigen *(»Es wäre schön, wenn es Ihnen als verantwortungsbewusste Mutter gelingen würde, sich mehr bewusst gestaltete Zeit mit ihrem Kind nehmen«)*. Gemeinsam bewusst erlebte Zeit kann als sinnvolle Lebenszeit wahrgenommen werden.

Empathie fördern: Ein weiteres Ziel kann darin liegen, Eltern nahezubringen, wie sie die Gefühle ihres Kindes widerspiegeln können und so die Gefühlsbeziehung zwischen ihnen und ihrem Kind aktiv stärken können.

4.2.3 Verantwortung stärken

Bei manchen Eltern bedarf es einer großen Anstrengung diese zu einer angemessenen Gesundheitsfürsorge gegenüber ihren Kindern zu motivieren (Elterliche Verantwortung).

Exkurs: die eigenen Emotionen reflektieren

Neben sachlich zu erörternden Beziehungsthemen können starke Emotionen das Gespräch überschatten (**emotionale Themen**). Hier ist es sinnvoll, wenn die pädagogischen Fachkräfte sich vor dem Gespräch in angemessener Weise entlasten, um im Elterngespräch professionell und reflektierend auftreten zu können.

Beispiel: Wenn Eltern im Vorfeld Ärger bei der einen oder anderen pädagogischen Fachkraft ausgelöst haben sollten, besteht die Gefahr, dass emotionale Themen *(»Dieser Mutter werde ich mal zeigen, wie sehr sie mich geärgert haben – einfach so inmitten der anderen Eltern so über mich zu schimpfen«)* andere Beziehungsthemen beeinträchtigen, die eher sachlich angesprochen werden sollten *(»Wir würden Ihnen gerne vermitteln, wie sich Ihr Kind beim Spielen im Sand verhalten hat und wie es sich aus unserer Sicht dabei gefühlt haben mag«)*.

Eine emotional stark belastende Gefühlslage erfordert sinnvollerweise vor dem Elterngespräch einen eigenen Reflexionsraum (Gespräch mit der Leitung/**Supervision**), in dem sich die pädagogische Fachkraft des Hintergrundes des Ärgers bewusst wird *(»Ich gebe mir so viel Mühe mit diesem Kind, und die Eltern nehmen mich gar nicht wahr«)*. Sie erhält dadurch die Möglichkeit, diesen Ärger anzusprechen und so einen inneren Abstand zu den durch die Mutter ausgelösten Emotionen zu erlangen.

4.2.4 Überprüfung der Ziele

Die professionelle Bewertung des Gelingens von Elterngesprächen hängt auch davon ab, inwieweit es gelingt, klare Kriterien für die Zielerreichung aufzustellen (**Zielüberprüfung**). Wenn diese Kriterien jedoch fehlen, besteht die Gefahr, dass sich diffuse Gefühle der Unzufriedenheit ausbreiten Diese sind nicht selten gepaart mit einer sachlich nicht nachvollziehbaren Selbstabwertung der pädagogischen Fachkraft. Die Kriterien für die Zielüberprüfung sollten dabei realistisch bleiben.

So kann ein Gespräch als gelungen angesehen werden, wenn ein Vater oder eine Mutter einmal einen neuen Gedanken über ihr Kind gedacht oder von den pädagogischen Fachkräften angenommen hat. In einem anderen Fall kann die Bewertung davon abhängig gemacht werden, ob sich Eltern zu einer sinnvollen Vereinbarung bereit erklären.

Hierbei kann es sich zum Beispiel um regelmäßiges Loben für selbstständiges Verhalten des Kindes handeln *(»Das hast Du sehr schön gemacht. Darüber freue ich mich«).*

4.3 Wer führt das Gespräch?

Häufig führen wie selbstverständlich die pädagogischen Fachkräfte das Elterngespräch, die das Kind am besten kennen aus verschiedenen Alltagssituationen und Beziehungszusammenhängen kennen. Dies ist in den meisten Fällen auch sinnvoll. Diese Fachkräfte können den Eltern viel Empathie und Nähe entgegenbringen.

4.3.1 Familiendynamik aus unterschiedlichen Blickwinkeln

Je nach der Familiendynamik, die in dem Gespräch zu erwarten ist, kann es aber durchaus von Vorteil sein, wenn eine zweite Fachkraft das Gespräch mitführt, die das Kind und die Eltern lediglich aus einer größeren Distanz kennt und aus dieser Sicht andere Sichtweisen und Impulse in das Elterngespräch hineinträgt.

4.3.2 Sprache

Neben Nähe und **Distanz** können andere soziale und kommunikative Fähigkeiten gefragt sein, um zu gewährleisten, dass die Eltern in dem Elterngespräch erreicht werden. Hierzu gehört u. a. die **Sprache**.

Wenn die Eltern bei ihnen den Eindruck erwecken, dass **Klarheit** und Direktheit im Kontakt mit den Eltern wesentlich sein könnte, sollte die pädagogische Fachkraft befähigt sein, sprachlich klar und direkt zu formulieren.

Bei Eltern, die dazu neigen, im Kontakt Grenzen zu verletzen oder sich in Ihrer Wortwahl als unbedacht und aggressiv zu zeigen, sollten pädagogische Fachkräfte in der Lage sein, sofort höflich **Grenzen** zu ziehen, eine eigene Gesprächskultur zu wahren, mitschwingende Aggressionen wahrzunehmen, einen Moment lang auszuhalten und in ruhiger Form widerzuspiegeln.

4.3.3 Entlastung

Zwei im Gespräch anwesende pädagogische Fachkräfte können einander stützen und sich gegenseitig entlasten.

Während die eine aktiv das Gespräch mit den Eltern führt *(»**aktive Gesprächsführung**«)*, mag die andere sich zurücklehnen, Eindrücke aus dem Gespräch in sich aufnehmen und überdenken *(»**Beobachterin**«)* und sich mit ihren Überlegungen zu einem gegebenen Zeitpunkt wieder aktiver in das Gespräch einbringen. Dies kann dann mit einem Rollentausch zwischen der »aktiven« Gesprächsführerin und der »beobachtenden« pädagogischen Fachkraft führen.

Die Abwechslung in der Gesprächsführung hat dabei durchaus einen erholsamen und entspannenden Charakter.

4.3.4 Gegenseitige Akzeptanz

Je nachdem, welche Fachkraft gerade aktiver ist, können auch unterschiedliche Themen im Vordergrund stehen. Wichtig ist hierbei, dass die pädagogischen Fachkräfte den Eltern signalisieren, dass diese Unterschiedlichkeit gewollt ist und von beiden pädagogischen Fachkräften fachlich und emotional mitgetragen wird (Berücksichtigung des **Beziehungsaspektes** der gesprächsführenden pädagogischen Fachkräfte).

4.3.5 Fachkompetenz und wechselseitiges Vertrauen

Grundlage für ein gemeinsam geführtes Gespräch sind eine ausreichende Fachkompetenz in der Gesprächsführung und unabdingbares wechselseitiges Vertrauen der pädagogischen Fachkräfte zueinander. Hierzu gehört auch, einander gegenseitig zu respektieren.

Es empfiehlt sich, sich wechselseitig Raum für spontane Ideen zu belassen und diese unter dem Blickwinkel der **Kooperation** zwischen den pädagogischen Fachkräften wahrzunehmen.

Exkurs: Fallstricke

Häufig lösen spontane Ideen im Elterngespräch kollegialen Ärger aus *(»Das war aber so nicht abgesprochen!«)*. Der diesem Ärger zugrunde liegende Gedanke ließe sich so formulieren: *»Wir haben vorher etwas sehr verbindlich abgesprochen. Mit Deiner Spontaneität löst Du unsere gemeinsame Vereinbarung auf.«*

Hinweis: Mit dieser Haltung lösen Gesprächsleiterinnen bei Eltern Verwirrung aus, wahrgenommen anhand eines irritierten Blickes einer der pädagogischen Fachkräfte. Eine gegenseitige versteckt mitschwingende oder offen vorgetragene Kritik der pädagogischen Fachkräfte vor den Augen und Ohren der Eltern kann bei diesen ähnliche Reaktionen hervorrufen, wie sie aus der Familiendynamik zwischen Eltern und Kindern bekannt sind: Kinder reagieren, indem sie bei beiden Eltern die Grenzen ausloten *(»Was soll denn hier nun gelten?«)*, um für sich Sicherheit zu erlangen. Eltern erleben das als *»Die Kinder spielen uns gegeneinander aus!«*

Klarheit bringt die offen gezeigte Grundhaltung der Eltern, dass es in Ordnung ist, wie der andere Elternteil handelt, auch wenn beide Eltern sich untereinander unterscheiden.

4.3.6 Unterschiedlichkeit als Ressource

Ähnliches kann auch im Elterngespräch passieren. Die eine pädagogische Fachkraft mag mit einem eher stringenten Vorgehen der Eltern mitschwingen, die andere pädagogische Fachkraft mag es eher bevorzugen, wenn die Eltern weiterhin einfühlsam mit dem Kind reden.

Für die Arbeit im Co-Gespann in einem Elterngespräch kann es daher sinnvoll sein, eine spontane Idee als weitere Möglichkeit aufzugreifen und gemeinsam mit den Eltern zu überdenken, unter welchen Umständen es geglückter sein mag, klar und konsequent im Kontakt mit dem Kind zu sein und in welchem Momenten sich ein einfühlsames Gespräch weitaus hilfreicher für das Kind erweisen mag. Bei genauerer Betrachtung lösen sich vermeintliche Gegensätze oftmals auf in unterschiedliche Herangehensweisen, die beide Ihren Sinn ergeben.

4.4 Die Struktur des Raumes

Elterngespräche sind Gespräche unter Erwachsenen. Der Raum für Elterngespräche sollte daher den Charakter eines **Raumes für Erwachsene** aufweisen, in dem diese ungestört von Kindern (und Telefonen) miteinander reden können.

Freundliche helle Möbel und Blumen können für eine Atmosphäre sorgen, bei der die Eltern sich wohl fühlen. Eine gute Atmosphäre erhöht die Motivation, sich auf das Gespräch einzulassen und zu einem für alle Beteiligten guten Ende zu gelangen.

Reden und Denken erfordert Platz. Dies gilt sowohl für die Eltern als auch die pädagogischen Fachkräfte. Leere Tische und bequem haltende Stühle helfen, sich auf das Gespräch zu konzentrieren. Sie vermitteln zudem den Eindruck, dass die pädagogischen Fachkräfte nicht durch andere Aufgaben abgelenkt sind.

Ein schön eingerichteter Raum lädt zudem dazu ein, Abstand von den Erfordernissen des Alltags zu nehmen und sich ein ruhiges und vielleicht sogar entspannendes Gespräch führen zu dürfen. Die Wahl eines guten Gesprächsraumes ist eine Art, das Elterngespräch zu strukturieren und in gute Bahnen zu lenken.

Ein heller und freundlicher Raum mit einer klaren und übersichtlichen Struktur unterscheidet sich nicht selten von der Raumgestaltung, die die Eltern gewohnt sind. Ein klar strukturierter Raum kann die Bedeutsamkeit des Elterngespräches unterstreichen und in den Eltern ein bewusst reflektierendes Verhalten hervorrufen, vergleichbar mit der Höflichkeit fremden Menschen gegenüber.

4.5 Zeitliche Strukturierung

4.5.1 Zeit fürs Wesentliche

Eine bewusste Zeitstrukturierung hilft allen, die an dem Gespräch beteiligt sind, schwierig anmutende Gespräche auszuhalten, ihre Kräfte zu schonen und sich gedanklich auf wesentliche Themen zu beschränken. Eine klare Zeitstruktur dient auch dazu, gegebenenfalls eingebrachte emotionale Nebenthemen der Eltern einzudämmen: ihnen steht kein Zeitraum zur Verfügung.

4.5.2 Verbindlichkeit der zeitlichen Strukturierung

Die Zeitstruktur des Gespräches muss klar mitgeteilt werden, damit sich alle darauf einstellen und ihr Verhalten danach ausrichten können. Die verbindliche Verantwortung für die Zeitstruktur sollte zwischen den gesprächsführenden pädagogischen Fachkräften klar abgesprochen sein. Höfliche Erinnerungen vor den Augen und Ohren der Eltern sind möglich. Die höfliche Erinnerung deutet darauf hin, dass die Fachkräfte miteinander verantwortungsvoll kooperieren. Sie ist kein Zeichen von Kritik.

4.5.3 Selbststeuerung

Durch die zeitliche Strukturierung eines Gespräches kann die Fähigkeit der Eltern zur Selbststeuerung gefordert und gestärkt werden. Gerade bei Menschen, die über eine nur gering ausgeprägte Fähigkeit zur Strukturierung verfügen, ist es wichtig, die zur Verfügung stehende Zeit nicht auszudehnen.

Eine klare Struktur vermittelt Halt. Bei einer unklaren zeitlichen Struktur könnte sonst der Eindruck bei den Eltern entstehen, dass Vereinbarungen mit pädagogischen Fachkräften nicht eingehalten werden müssen, dass pädagogische Fachkräfte nicht ernst genommen werden müssen (**Verlust an Professionalität**, **Statusverlust**).

4.6 Unausgesprochene Ziele der Eltern verstehen

Pädagogische Fachkräfte und Eltern können durchaus unterschiedliche Ziele mit einem Elterngespräch verbinden. Während erstere mit den Eltern über einen beobachteten verzögerten Entwicklungsstand eines

Kindes reden wollen, können die angesprochenen Eltern die Absicht hegen, sich gegen vermeintliche Angriffe auf Ihre Erziehungsfähigkeit *(»Es liegt nicht an uns, wenn das Kind so ist«)* wehren zu müssen.

Das glückende Gelingen eines Elterngespräches hängt auch davon ab, inwieweit die Beziehungsdynamik im Vorfeld bedacht wird und für die pädagogischen Fachkräfte nachvollziehbar und verstehbar wird.

Brainstorming im Team oder in der Gruppe, die Verwendung eines Familienbrettes und ein stellvertretender Rollentausch mit den Eltern und dem Kind bieten die Möglichkeit, sich in die Beziehungsdynamik einzufühlen.

4.6.1 Brainstorming

Im Brainstorming können die pädagogischen Fachkräfte unzensiert alle Ideen einbringen, die ihnen zu den Eltern einfallen. Hierzu gehören die Gedanken, die auf profundem Wissen über die Eltern und ihre Beziehung zu ihren Kindern basiert. Hierzu gehören aber auch alle spontanen Gedanken und Gefühle, die als vielleicht nicht so passend erscheinen mögen.

Gerade diese Gedanken und Gefühle sind besonders wertvoll, weil sie auf Unausgesprochenes hinweisen, was im Gespräch mit den Eltern zum Tragen kommen kann. Dies kann zum Beispiel eine unbewusste Verteidigungshaltung des Vaters sein oder ein noch nicht verstehbares Schuldgefühl der Mutter, das im Gespräch verschwiegen werden soll.

Bei einem Gespräch über ein Kind in der eigenen Gruppe ist es nicht immer notwendig, zur Darstellung der Familiensituation alle pädagogischen Fachkräfte des gesamten Teams einzubeziehen. Oft reicht es auch aus, wenn zwei oder drei von ihnen kurz wie bei einem Blitzlicht alles aussprechen, was ihnen in den Sinn kommt.

Das Ziel des Brainstormings ist, möglichst unterschiedliche Aspekte der Familiendynamik wahrzunehmen. Bei einer zu großen Ähnlichkeit der Wahrnehmung (Homogenität) kann es sinnvoll sein, dass eine pädagogische Fachkraft, die nicht in derselben Gruppe arbeitet, herangezogen wird. Diese kann aus der Distanz zum Beispiel darauf hinweisen, dass ein sonst als streng erlebter Vater auch liebevoll und einfühlsam im Kontakt mit seinem Kind sein kann.

4.6.2 Das Familienbrett

Für die Reflexion der Familienbeziehungen durch die pädagogischen Fachkräfte kann die Beziehungsdynamik auch durch Symbole oder Figuren verdeutlicht werden. Die Darstellung der Familie erfolgt mit Hilfe von symbolischen Gegenständen.

Dies kann ein Kissen sein für das Kind, ein Auto für den häufig abwesenden Vater, ein Hut für die Mutter, die alles unter einen Hut bringen möchte. Auch ein Familienbrett eignet sich dazu, sich in die Gefühlslage der Familienangehörigen zu versetzen und nachzuvollziehen, wie sie miteinander umgehen.

Beispiel: Bei einer Familie mag die Figur des Kindes nahe bei der Mutter stehen. Der Vater steht etwas abseits und schaut von seiner Frau und dem gemeinsamen Kind weg. In Worten ließe sich dies so ausdrücken. Die Mutter denkt über den Vater: *»Ich bin sauer, weil Du mich mit dem schreienden Kind so alleine lässt.«* Der Vater denkt über die Mutter: *»Seit Du das Kind hast, grenzt Du mich aus. Da flüchte ich lieber, wenn ich hier nicht mehr gebraucht werde.«* Das Kind denkt über die Eltern: *»Wo ist mein Papa. Ich sehne mich nach ihm. Mama hält mich so fest.«*

4.6.3 Der stellvertretende Rollentausch

Ein »stellvertretender Rollentausch« ist ein Rollentausch mit einer Person, die nicht anwesend ist (Ameln, Gerstmann, Kramer 2009, S. 54). Bei der Vorbereitung des Elterngespräches übernehmen pädagogische Fachkräfte die Rollen der Eltern oder des Kindes.

Ein stellvertretender Rollentausch mit der Mutter oder dem Vater, die zum Elterngespräch eingeladen wurden, kann deutlich machen, welche Erwartungen die Eltern an das Elterngespräch hegen und mit welchen Absichten und möglichen Zielen die Eltern in das Gespräch hinein gehen *(»Als Mutter bin ich neugierig, ob meine Tochter langsam ihre Unsicherheit verliert und vertrauensvolle Beziehungen knüpfen kann«).*

Im stellvertretenden Rollentausch reden die einzelnen Personen in der Familie in direkter Rede über sich selber, ihre Beziehung zueinander als Erwachsene, ihre Beziehung zu dem Kind und sprechen aus, was sie sonst nur heimlich denken. Diese Äußerungen aus der Sicht der ganzen Familie ergeben ein recht passendes Bild über die wichtigsten Grundzüge der Familienbeziehungen, ihren Verstrickungen, aber auch ihren Ressourcen.

Hinweis: Zur Verdeutlichung kann das »Kind im Rollentausch« auch in der Sprache der Erwachsenen reden. So können Sie ein sechs Monate altes Kind sagen lassen: *»Ich fühle mich nicht wohl bei Euch, wenn Ihr immer so laut schreit. Dann schreie ich umso lauter, um mir Gehör zu verschaffen.«*

Es kann sein, dass sich spontan mehrere pädagogische Fachkräfte in den Vater, die Mutter oder die Kinder hineinversetzen und unterschiedliche Aspekte äußern. Dies beim ersten Hinsehen widersprüchlich erscheinen. Hierbei handelt es sich oft um atmosphärische Strömungen, bzw. Haltungen, die in der Familie nicht offen ausgesprochen werden, unterschwellig aber doch vorhanden sind und die Familien-Atmosphäre bestimmen. Der stellvertretende Rollentausch bietet die Möglichkeit, die Atmosphäre in der Familie wahrzunehmen und Vermutungen darüber zu erstellen, was das Kind in dieser Familie braucht.

Überraschenderweise verhilft ein »stellvertretender Rollentausch« zu einer doch recht realistischen Einschätzung der Personen, mit denen der Rollentausch durchgeführt wird. Ein Rollentausch mit einer schweigenden Mutter kann auf Ängste, Unsicherheiten, Aspekte psychischer Überbelastung und Ähnliches hinweisen und Wege aufzeigen, diesen Mensch im späteren Elterngespräch in angemessener Weise anzusprechen und Vertrauen zu erwecken.

Hinweis: In der Vorbereitung des Elterngespräches ist es möglich, die »Mutter« zu fragen *(»**exploratives Interview**«)*, was sie braucht, um dieses Elterngespräch zu einem für sie guten Ausgang zu führen. Die Antwort der »Mutter« (im Rollentausch dargestellt durch eine pädagogische Fachkraft) kann hilfreiche Anregungen für das spätere Elterngespräch geben.

4.7 Zusammenfassung

Eine professionelle Vorbereitung eines Elterngespräches umfasst verschiedene Aspekte, die dem Gespräch Sinn und Struktur verleihen. Hierzu gehören eine Bewertung des Anlasses des Elterngespräches, die Klärung von sachbezogenen Themen, die Berücksichtigung der unbewussten Beziehungsdynamik der Familie, Vorerfahrungen mit den Eltern und eine Reflektion der spontanen Reaktion der pädagogischen Fachkräfte auf die Eltern.

Diese spontanen Reaktionen können auch einen wertvollen Hinweis auf eine **unbewusste Familiendynamik** sein: es wird etwas spürbar, was in der Familie bislang nicht ausgesprochen oder angesprochen werden durfte.

Es obliegt der Verantwortung der gesprächsführenden Fachkraft, diese Familiendynamik behutsam anzusprechen und für die Eltern verständlich darzulegen. Dies kann zum Beispiel in Form einer persönlichen Rückmeldung oder Einschätzung erfolgen: *»Ich habe in diesem Gespräch den Eindruck gewonnen, dass es für Sie sehr schwer nachzuvollziehen ist, dass Ihr Kind die Spannungen, die es in Ihrer Familie erlebt, kaum aushalten kann und deshalb Zuwendung und Entlastung braucht.«*

Die Strukturierung des Raumes und eine verbindliche zeitliche Struktur bilden professionelle Rahmenbedingungen des Elterngespräches und fördern die Fähigkeit zur Selbststeuerung der Eltern.

Die Vorbereitung mag zunächst sehr zeitintensiv sein. Eine qualifizierte Vorbereitung vermittelt eine tiefere Einsicht in die Beziehungsdynamik und die wesentlichen Themen, die für die jeweilige Familie wichtig sind.

Eine intensive Vorbereitung stärkt die fachliche Kompetenz der pädagogischen Fachkräfte (**Selbstwahrnehmung**) und ihre Professionalität in den Augen der Eltern. Eine zeitintensive Vorbereitung kann Themen für mehrere Elterngespräche in den Fokus der Aufmerksamkeit rücken und wertvolle Hinweise für die pädagogische Arbeit mit den jeweiligen Kindern hervorbringen.

? Fragen zur Selbstreflexion

Nach welchen Kriterien bestimmen Sie, ob ein Anliegen der Eltern zu einem Elterngespräch führt? Die Kriterien können z. B. sachlicher Natur sein, ethische Gesichtspunkte berücksichtigen oder auch von emotionalen Aspekten geleitet sein.

Wovon hängt es aus Ihrer Sicht ab, welche Kriterien bei Ihnen zum Tragen kommen?

Welchen Wert messen Sie oder Ihr Träger einem hellen für Erwachsene eingerichteten Raum für Elterngespräche bei?

Welche Überlegungen könnten dazu führen, eine klare zeitliche Struktur bei einem Elterngespräch zu verlassen?

Was befähigt Sie selber ein qualifiziertes Elterngespräch zu führen? Über welche besonderen Fähigkeiten verfügen Sie?

Für welche Eltern sind Sie aufgrund Ihrer Fähigkeiten besonders geeignet? Für welche eher nicht?

Mit welcher Kollegin führen Sie gerne zusammen ein Elterngespräch? Führen Sie bitte drei Gründe an, etwa in der Art: »Ich führe mit Dir gerne ein Elterngespräch, weil Du . . .«

Was ist das Besondere an Ihrer Zusammenarbeit? Tauschen Sie sich bitte mit Ihren Kolleginnen aus!

*Reden Sie regelmäßig gemeinsam über Ihre Art ein Elterngespräch zu führen? Das Reden über die Art der gemeinsamen Kommunikation (**Metakommunikation**) ist ein wesentlicher Bestandteil professionell gestalteter Kommunikation.*

Wie reagieren Sie bei emotionalen Konflikten in Gesprächen mit den Eltern? Suchen Sie eher ein harmonisches Miteinander oder bevorzugen Sie ein höfliches und klares Wort?

Welche Vorgehensweise bevorzugen Sie, um die Beziehungsdynamik der Familie zu verstehen?

Warum sollte es Ihnen wichtig sein, in einem Elterngespräch die emotionale Lage der Eltern zu verstehen? Bitte nennen Sie drei Gründe.

Wann könnte es wichtig sein, die emotionale Lage der Eltern in einem Elterngespräch außer Acht zu lassen oder zumindest nur am Rande Aufmerksamkeit zu widmen?

Wo ziehen Sie eine Grenze und wie zeigen Sie den Eltern, dass Sie eine Grenze ziehen?

Klarheit in den Themen und Zielen, ein freundlicher Raum und eine zeitliche Strukturierung sind nur einige Punkte, die für die den klaren Ablauf eines Elterngespräches wichtig sind.

Welche Punkte (siehe Abbildung 1) möchten Sie daher aus Ihrer persönlichen Sicht immer in einem Elterngespräch berücksichtigt wissen? Wie sorgen Sie dafür, dass diese Punkte in Ihren Elterngesprächen zum Tragen kommen?

Wer sollte während der Vorbereitung auf dem Familienbrett stehen? Stellen Sie bitte zum Schluss noch die eine oder andere Figur auf das Familienbrett, die nicht zur Familie gehört, aber für das Kind wichtig sein könnte.

Wenn Sie fertig sind, schauen Sie noch einmal genau hin: wo stehen Sie? Wie verändert sich das Beziehungsgefüge, wenn Sie mit anwesend sind auf dem Familienbrett? Was passiert, wenn Sie fehlen?

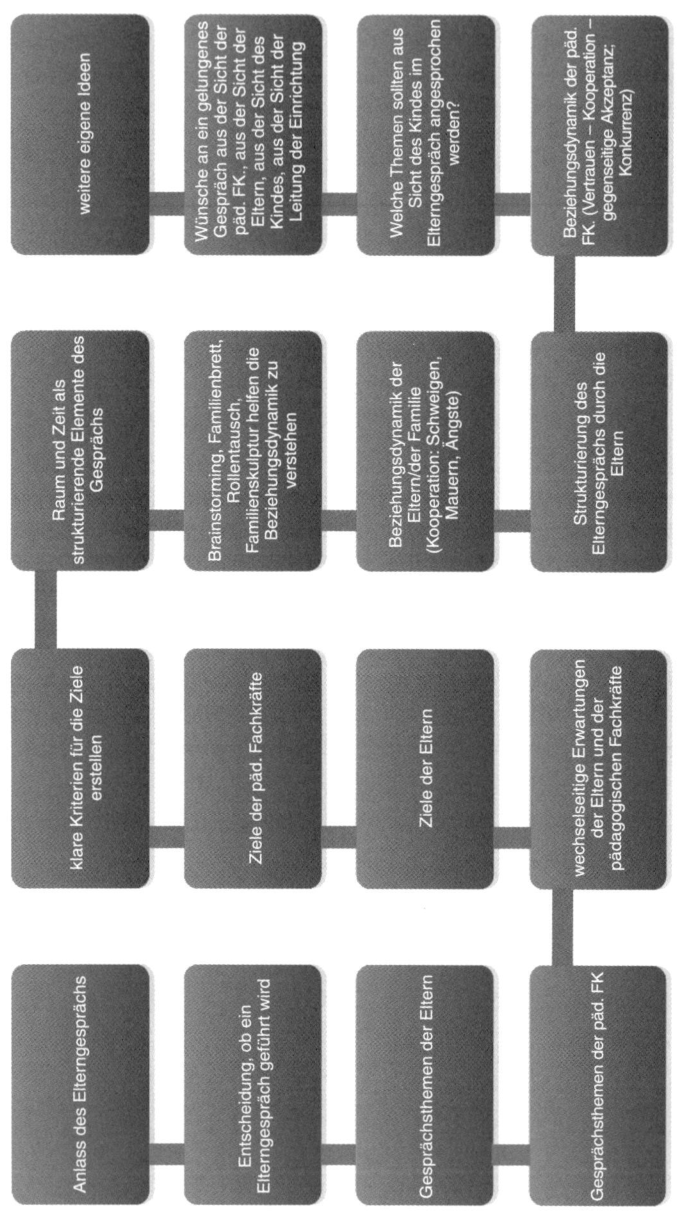

Abbildung 1: Vorbereitung eines Elterngespräches.

5. Bestandteile eines Elterngespräches

Schon in die Vorbereitung eines Elterngespräches fließen Vorstellungen über den Aufbau, den Inhalt, die Ziele und die äußere Struktur (Raum und Zeit) ein. Die pädagogischen Fachkräfte entwickeln Vermutungen (Hypothesen) über die Eltern und die Beziehungsdynamik der Familie.

5.1 Einladung zum Elterngespräch

Die Einladung zum Elterngespräch geschieht auf der Interaktionsebene zwischen Erwachsenen. Die Übergabe der Einladung und die Beantwortung der Einladung erfolgt daher ausschließlich im Kontakt zwischen Erwachsenen.

Bei der Formulierung der Einladung zum Elterngespräch sind die Eltern zwar noch nicht real vorhanden, aber in Gedanken längst schon gegenwärtig. Die Gestaltung der Einladung ist von einem gedanklichen Dialog begleitet, mit welchen Formulierungen die Eltern erreicht werden und wie diese auf den Brief reagieren könnten.

Die Art der Anrede und die Wortwahl sollten höflich formuliert sein und die tatsächliche Beziehung zwischen den pädagogischen Fachkräften und den Eltern berücksichtigen. Die Anrede als *»Liebe Frau N., lieber Herr N.«* kann angemessen sein, wenn ein gutes Einverständnis zwischen den pädagogischen Fachkräften und den Eltern besteht. Bei einer sachlicheren Beziehung ist eine neutralere Anrede vorzuziehen. Dies gilt auch, wenn zwischen den pädagogischen Fachkräften und den Eltern Spannungen bestehen.

Die Anrede sollte die Distanz wahren, die für das Gespräch notwendig ist. Dies kann zum Beispiel der Fall sein, wenn de Verdacht besteht, dass die Eltern ihr Kind vernachlässigen. Die Anrede *»Liebe Frau S., lieber Herr S.«* könnte von den Eltern als Hinweis aufgefasst werden, dass Nähe und Einverständnis für die pädagogischen Fachkräfte wichtiger als eine der Problemlage angemessene Klärung seien könnten. Die von den Eltern wahrgenommene Botschaft könnte fatalerweise als »Entwarnung« aufgefasst werden und u. a. dazu führen, dass die Eltern danach trachten, das kritische Thema zu umschiffen.

Die Berücksichtigung des Beziehungsaspektes (Schulz von Thun 2011) zeigt sich auch in dem Schlusssatz: »*Wir freuen uns auf das Gespräch*« sollten pädagogische Fachkräfte in der schriftlichen Einladung nur verwenden, wenn diese Formulierung eine wirklich vorhandene Freude ausdrücken und vermitteln soll. »*Mit freundlichen Grüßen*« als neutrale Floskel kann auch bei bestehenden Konflikten und einer aggressiv aufgeladenen Atmosphäre verwendet werden.

Hinweis: Es kommt leider immer wieder vor, dass Sie als pädagogischen Fachkräfte vergebens zum vereinbarten Termin auf die Eltern warten. Dies ist ärgerlich, insbesondere, da die pädagogischen Fachkräfte das Gespräch sorgfältig vorbereiteten, sich innerlich auf das Gespräch einstimmten und Zeit für das Elterngespräch reservierten.

Bitte fügen Sie in die schriftliche Einladung an die Eltern einen kurzen Satz mit einer Aufforderung, die Einladung zu bestätigen.

Beispiel: »*Wir bitten Sie, den Termin vom 23.07.2012 bis zum 16.07.2012 schriftlich zu bestätigen. Um die Rückmeldung für Sie einfach zu gestalten, haben wir unserer Einladung einen kleinen Rückmeldebogen beigefügt. Bitte überreichen Sie uns die Terminbestätigung persönlich, wenn Sie Ihr Kind N. morgens zu uns bringen oder nachmittags wieder abholen.*«

Die Aufforderung zu einer Terminbestätigung setzt ein *Signal für die Verbindlichkeit*, die die pädagogischen Fachkräfte dem Elterngespräch beimessen. Im Denken ist oft noch die Idee verankert Rückmeldungen nur dann zu geben, wenn ein Termin abgesagt wird. Die Terminbestätigung zielt darauf hin, die Aufmerksamkeit der Eltern zu erhöhen.

Verstreicht der Zeitpunkt der Rückmeldung, dann kann der freigehaltene Termin für andere wichtige Aufgaben verwendet werden.

Hinweis: Fairerweise sollte hierauf in der Einladung eingegangen werden.

»Wenn Sie den Termin für die Bestätigung des Elterngespräches verstreichen lassen, gehen wir davon aus, dass Sie auf das vereinbarte Elterngespräch verzichten.«

Eine verpflichtende Rückmeldung ist Teil einer professionellen **Gesprächskultur** eines Elterngespräches.

Es obliegt den pädagogischen Fachkräften, im Einzelfalle eine Ausnahme zu gestatten. Dies kann zum Beispiel geschehen, wenn eine Schädigung des Kindes vorliegt, die dringend einen persönlichen Austausch mit den Eltern erfordert.

5.2 Begrüßung und Besinnungszeit

Nach der persönlichen Begrüßung werden die Eltern normalerweise sofort in den Raum geführt, in dem das gemeinsame Gespräch geführt werden soll.

Eine Variante stellt das Einfügen einer kurzen **Besinnungszeit** dar. Hierbei bitten die pädagogischen Fachkräfte die Eltern nach einer vielleicht auch kurz gehaltenen höflichen Begrüßung einen Moment noch bis zum Beginn des Gespräches zu warten. Hierfür stehen den Eltern zwei bequeme Stühle für Erwachsene zur Verfügung. Für die Eltern bietet die Besinnungszeit die Möglichkeit »anzukommen«. Die pädagogischen Fachkräfte können sich in noch einmal über den spontanen Eindruck, den die Eltern in ihnen hervorriefen, austauschen *(»Die Mutter ist ja schon viel ruhiger als bei dem gestrigen Telefonat«)*.

5.3 Der Gesprächsraum

5.3.1 Den Raum betreten

Mit dem Betreten eines Raumes geht ein kurzer Moment der bewussten Wahrnehmung des Raumes einher. Dieser dient der Orientierung:

»Wo bin ich?« »Wie wirkt dieser Raum auf mich?« »Wie fühle ich mich spontan in diesem Raum?« »Kann ich mich in diesem Raum wohlfühlen?« »Welche Empfindungen löst dieser Raum in mir aus?« »Warum ist dieser Raum gewählt worden?« »Lädt dieser Raum mich zum Reden oder Schweigen ein?« »Wie geht es meinem Mann/meiner Frau in diesem Raum?« sind einige mögliche Gedanken, die beim Betreten des Raumes in den Eltern aufsteigen können.

Eine freundliche Bemerkung der Eltern an die pädagogischen Fachkräfte kann darauf hinweisen, dass die Eltern gewohnt sind, eine neue Umgebung bewusst wahrzunehmen.

Hinweis: Nehmen die Eltern und sich selber im Raum bewusst wahr, werden sie wahrscheinlich auch andere Menschen bewusst wahrnehmen und respektieren.

Die Beobachtung zwischen den pädagogischen Fachkräften und den Eltern ist gegenseitig. Wahrgenommen und bewertet werden das äußere Erscheinungsbild (gepflegt oder ungepflegt), die Körperhaltung (gedrückt oder aufrecht) und Körpergerüche (Parfüm), die Kleidung in ihrer Qualität und Reinlichkeit, der Blick, Mimik und Gestik.

In diesen ersten Momenten der nichtsprachlichen Kommunikation werden spontan ganz wesentliche Aspekte der Beziehung und Kommunikation ausgelotet. Anders als beim Erstkontakt geht es hier aber nicht um eine Einschätzung der Persönlichkeit des Gegenübers. Zahlreiche Kontakte haben hier schon eine klare Basis für den Alltagsumgang (Kind bringen, kurze Tür und Angelgespräche, Verabschiedung der Eltern am Ende eines Kita-Tages) erzeugt.

In den ersten Momenten eines Elterngespräches gilt es die Atmosphäre und Stimmungslage aller Beteiligten abzuklären. Eine treffsichere Einschätzung erhöht das persönliche Gefühl der Sicherheit im Gespräch.

5.3.2 Der Platz im Raum

Ein bequemer Sitzplatz gibt dem Körper Halt, lässt eine freie Atmung zu und entlastet den Körper, so dass alle Gesprächspartner sich auf das gemeinsame Gespräch einlassen können.

Manche pädagogischen Fachkräfte überlassen den Eltern die Wahl, wo sie sich hinsetzen wollen. Neben der Höflichkeit spielen hier noch einige andere Faktoren hinein. Die Wahl eines Sitzplatzes erfordert von den Eltern eine kurze Verständigung. Wie bestimmen die Eltern untereinander wer sich wohin setzt? Höfliches Verhalten der Eltern untereinander weist darauf hin, dass die Eltern einander als erwachsene Menschen respektieren, über sozial angemessenes Verhalten verfügen und den Rahmen, in dem dieses Verhalten gezeigt wird, reflektieren können.

Wenn hingegen der Kindesvater die Kindesmutter anweist sich zu setzen und ihren murrenden Blick übersieht, könnte dies ein Hinweis darauf sein, dass er gewohnt ist, lediglich auf seine eigenen Bedürfnisse zu achten und andere Menschen hintenanzustellen. In diese Dynamik könnten auch die Kinder einbezogen sein: wie viel Achtung und Respekt bringt der Vater seinen Kinder entgegen?

Hinweis: Bitte zögern Sie nicht, Ihren eigenen Platz einzunehmen, an dem Sie sich sicher fühlen.

Bei einem vertrauten Gesprächsraum wird es einen oder zwei bevorzugte Plätze der pädagogischen Fachkräfte geben.

5.4 Zielbestimmung

5.4.1 Sicht der pädagogischen Fachkräfte

Die Ziele für ein Gespräch beziehen sich zunächst einmal auf Themen, die in dem Elterngespräch angesprochen werden sollen vermittelt werden oder über die beide Seiten miteinander reden möchten. Unter Sachinhalten sind sowohl sachliche Informationen z. B. über den Entwicklungsstand eines bestimmten Kindes als das Reden über Beziehungsmuster eines Kindes im sozialen Beziehungsnetz gemeint.

Für die gesprächsführenden pädagogischen Fachkräfte ist es wichtig, die eigenen Ziele sprachlich klar zu benennen und eine Rückmeldung darüber einzuholen, ob die Eltern diese Ziele inhaltlich verstanden haben und mit den pädagogischen Fachkräften teilen. Neben einer reinen Sachmitteilung kann eine kurze Information, warum das Thema angesprochen wird und aus welchem Grunde es für die Tageseinrichtung so wichtig ist, motivationssteigernd wirken.

Beispiel: *»Wir möchten mit Ihnen heute über Ihren Sohn T. reden. In der letzten Zeit haben wir einige Male beobachtet, wie sich Timo an einige kleinere Kinder herangeschlichen hat und diese plötzlich geboxt hat«* (***Situations- und Verhaltensbeschreibung***).

»Wir hatten den Eindruck, dass dieses Verhalten von Timo öfter vorkommen könnte und haben uns deshalb gemeinsam entschlossen, Timo eine Weile unauffällig zu beobachten« (***Überprüfung des beobachteten Verhaltens***).

»Wir haben festgestellt, dass T. andere Kinder häufiger anrempelt und ihnen unvermutet weh tut. Wir waren über dieses Verhalten von T. zuerst überrascht (***Offenbarung der persönlichen Reaktion***)*, weil wir ihn bisher als einen sehr ruhigen und überlegten Jungen kennen und schätzen gelernt hatten, der sich im Spiel mit den anderen Kindern als sehr kontaktfreudig und kooperativ gezeigt hatte«* (***Hinweis auf soziale Stärken und Fähigkeiten***).

»Frau P., die Kinderpflegerin in der Gruppe von Timo, glaubte zunächst, dass T. nach einer Weile wieder so wie früher mit anderen Kindern spielte, aber dann begannen auch Kinder aus anderen Gruppen sich über T. zu beschweren, weil dieser sie gehauen habe« (***Mitteilung über das professionelle Vorgehen***).

»Frau L., die Gruppenleiterin hat daher sowohl mit den anderen Erzieherinnen über T. geredet und begann sich zu fragen, was der Grund für diese Verhaltensänderung wohl sein möge. Eine Möglichkeit, die wir in Erwägung gezogen haben, war, dass es bei Ihnen zu Hause vielleicht zu Veränderungen gekommen sein mag, die in T. Spannungen hervorgerufen haben, auf die er uns durch sein Verhalten aufmerksam machen möchte« (***Vermutungen über Hintergründe***).

»Aus diesem Grunde haben wir uns entschlossen, Sie, die Eltern von T., zu einem Gespräch einzuladen, um gemeinsam zu überlegen, wie das Verhalten von T. zu verstehen ist und was wir gemeinsam tun können, um T. zu helfen« (***Appell der pädagogischen Fachkräfte an die Eltern***).

Hinweis: Dieses Beispiel weist aber auf wesentliche Bestandteile professioneller Gesprächsführung hin. Aufmerksame und geduldige Eltern können aus dieser ausführlichen Einleitung und Zeitbestimmung herauslesen wie sorgsam die pädagogischen Fachkräfte vorgehen. Auf manche Eltern mag diese Einführung wie ein kleiner geballter Vortrag wirken, der sie einschüchtert und verstummen lässt. Es obliegt Ihrem Geschick als pädagogischer Fachkraft, wann Sie die Eltern ermutigen, die eigenen Ziele für das gemeinsame Gespräch einzubringen.

5.4.2 Sicht der Eltern

Eltern verfügen über eine eigene Motivation für die gemeinsamen Gespräche mit den pädagogischen Fachkräften. Bei einer gut ausgeprägten sozialen Kompetenz werden die Eltern ihre Motivation für das Gespräch und die Ziele, die sie mit dem Gespräch verbinden, offenlegen und ansprechen.

Hinweis: *Ermutigen* Sie die Eltern, ihre Ziele für das Gespräch offen mitzuteilen, aus welchem Grunde die Eltern das Gespräch suchen und was sie sich von einem guten Gesprächsverlauf erhoffen. *»Was aus Ihrer Sicht müsste heute unbedingt angesprochen werden, so dass Sie dieses Gespräch als gut für Sie oder gut für Sie und Ihr Kind ansehen könnten?«*

Durch diese spezielle Fragetechnik (*»systemische Fragen«*) wird die Aufmerksamkeit der Eltern bewusst darauf gelenkt, dass die Eltern selber zu einem guten Gelingen des Elterngespräches beitragen können (Schlippe und Schweitzer 2010, S. 43).

Die Erfahrung in einem Gespräch verstanden zu werden erhöht die Wahrscheinlichkeit Vertrauen zu gewinnen und an einer vertrauensvollen Gesprächskultur mitzuwirken. Vertrauensfördernd können in diesem Zusammenhang Rückmeldungen der pädagogischen Fachkräfte an die Eltern sein.

Hinweis: Fassen Sie bitte das, was Sie verstanden haben, mit eigenen Worten zusammen (***Paraphrasieren***) und fragen Sie, ob die Eltern sich so verstanden wissen. Dabei können beide Eltern durchaus unterschiedliche Vorstellungen über den Inhalt des zu führenden Gespräches im Sinn haben.

Eine wohlwollend akzeptierende Rückmeldung, dass die Unterschiedlichkeit bei den Eltern wahrgenommen wurde, kann unter Umständen eine negative Paardynamik bei den Eltern auflösen (z. B. ein Nicht-gelten-Lassen eigener Gedanken und Überzeugungen; Konkurrenz zwischen den Partnern; Machtkämpfe).

Pädagogische Fachkräfte können hierbei durchaus als Modell wirken und dadurch den Eltern helfen, ihre eigene Unterschiedlichkeit als Eltern für die Beziehungsgestaltung gegenüber ihrem Kind zu nutzen.

Der Respekt gegenüber den Eltern gebietet es auch, beiden Eltern Raum für die Darstellung der Ziele zu belassen, auch wenn die Positionen der Eltern sehr ähnlich zu sein scheinen. Rollenaufteilungen von Paaren kommen auch im gemeinsamen Kontakt mit Anderen zum Tragen. *»Ich schließe mich den Ausführungen meiner Frau an«*, kann dazu verlocken, anzunehmen, dass beide Eltern gleicher Meinung sind.

Eine freundliche Aufforderung *(»Ich würde gerne einmal von Ihnen mit eigenen Worten hören, was aus Ihrer Sicht ein gutes Ergebnis dieses Gespräches für Sie selber und Ihr Kind wäre«)* kann ermutigend wirken. Interessanterweise werden von dem zweiten Elternteil oft kleine Nuancen formuliert oder Aspekte angedeutet, die für das Kind und seine Entwicklung bedeutungsvoll sind.

Hinweis: Wenn Sie beide Eltern ansprechen und anhören, zeigen Sie, dass Sie an beiden interessiert sind und erhöhen so die Wahrscheinlichkeit, dass beide reden. Wenn die Eltern sich in ihren Sichtweisen angenommen wissen, fühlen sie sich sicherer und sind eher bereit, sich auf Sie als Gesprächsführerin einzulassen und Ihnen zuzuhören und ihre Gedanken anzunehmen.

Auch können Sie auch mit der Dankbarkeit desjenigen Elternteils rechnen, den Sie zum Reden aufgefordert haben. Eine eingeschliffene Rollenaufteilung kann auch zur Folge haben, dass ein Elternteil »verstummt« und die Ressourcen dieses Elternteils für eine gedeihliche Beziehung zum Kind nicht mehr aktiv genutzt werden.

Dies ist zum Beispiel bei der leider oft noch gezeigten Einstellung der Fall, dass Erziehung eine Angelegenheit der Mütter wäre. Bei dieser Haltung bleibt die Wichtigkeit, die eine aktiv gepflegte Vaterschaft für die Entwicklung eines Kindes spielt, unberücksichtigt.

Zielbestimmungen können manchmal etwas länger dauern. Neben den Sachthemen wird unausgesprochen auch verhandelt, ob eine Verständigung zwischen Leiterin/pädagogischer Fachkraft und den Eltern möglich ist.

5.5 Thematische Diskussion

5.5.1 Lenkung des Gesprächs

Das in der Zielbestimmung vereinbarte Thema wird sicherlich einen großen Teil des gesamten Gesprächsverlaufs in Anspruch nehmen. Den pädagogischen Fachkräften obliegt hier die Lenkung des Gesprächs: halten sich alle Beteiligten an das Thema oder spielen emotionale Nebenthemen in den Gesprächsverlauf hinein und überlappen ihn sogar?

Die Lenkung des Gesprächs kann durch ein wiederholtes *Ansprechen des Themas* erfolgen. »*Mit der Beziehung von T. zu seiner Großmutter sprechen Sie sicherlich ein wichtiges Thema an. Auch wir haben schon bemerkt, dass T. sich freut, wenn seine Oma erwähnt wird. Es ist mir aber wichtig, noch einmal auf den Entwicklungsstand von T. zurück zu kommen ...*« Ein kurzes wertschätzendes Aufgreifen eines Nebenthemas vermittelt den Eltern, dass sie gehört wurden.

Die Lenkung des Gesprächs erfolgt aber auch durch eine bewusste Entscheidung der pädagogischen Fachkräfte, welche Gesprächsebenen aufgegriffen werden und wie diese beantwortet werden. Schulz von Thun (2011) unterscheidet vier verschiedenen Kommunikatonsebenen: den *Sachinhalt* (worüber reden wir?), die *Beziehungsebene* (wie stehen wir zueinander und wie drücken wir dies aus?), die *Selbstoffenbarung* (was teile ich im Gespräch durch meine Wortwahl und mein Verhalten über mich selber aus?) und den Appellationscharakter einer Äußerung *(»Ich möchte, dass Sie etwas tun!«)*.

Welche Aspekte während des Gesprächs mit den Eltern aufgegriffen werden, hängt von der Entscheidung der pädagogischen Fachkräfte ab. Die Vermittlung der Einschätzung des Entwicklungsstandes eines Kindes kann sicherlich von einfühlsamen Äußerungen gegenüber den Eltern begleitet sein *(»Ich habe den Eindruck, dass es Ihnen schwerfällt, das, was ich sage, aufzunehmen. Wäre es Ihnen recht, wenn wir unsere Ausführungen hier kurz unterbrechen und Sie sagen erst einmal, wie unsere Einschätzung auf Sie wirkt? Danach würde ich Ihnen aber gerne noch etwas mehr über die Entwicklung von T. mitteilen«)*.

Hinweis: Bitte scheuen Sie sich nicht mitschwingende Emotionen offen anzusprechen, auch wenn Sie den Eindruck, haben, dass Sie persönliche Grenzen der Eltern berühren. Sie teilen den Eltern damit mit, dass Sie die Eltern als Menschen wahrnehmen. Durch das offene und taktvolle Ansprechen »erlauben« Sie den Eltern eine spontane emotionale Reaktion und ermöglichen diesen offen über ihre Beweggründe zu sprechen.

Beispiel: Bei der Mitteilung über den Entwicklungsstand von T. fängt die Mutter an leise zu weinen. Die pädagogische Fachkraft spricht dies höflich und behutsam an: »*Ich sehe, dass Sie anfangen zu weinen. Mögen Sie sagen, was Sie jetzt so traurig macht?*«

Psychologischer Kommentar: Durch das behutsame Ansprechen wird die Mutter zu einer Selbstoffenbarung ermutigt. Eine Selbstoffenbarung kann emotional entlastend sein. Hier reicht es oftmals aus, dass Gefühle angesprochen und ausgesprochen werden, ohne dass die Gefühle der Mutter zum zentralen Gesprächsthema werden müssen.

Die Einlassungen der Mutter können aber auch offenbaren, dass die Äußerungen der pädagogischen Fachkräfte nur in verstümmelter oder verzerrter Form von der Mutter verstanden und aufgenommen wurden. Im Hintergrund können dabei massive Ängste lauern, wie zum Beispiel die Idee als Mutter versagt zu haben, selber an der Entwicklungsverzögerung eines Kindes schuldig zu sein.

Durch das *offene Ansprechen* können die pädagogischen Fachkräfte Informationen darüber gewinnen, wie ihre Informationen aufgenommen und gedanklich verarbeitet werden. Die pädagogischen Fachkräfte gewinnen dadurch eine wertvolle Information, darüber, ob sie so verstanden wurden, wie sie verstanden werden wollten.

Hinweis: Eine Wiederholung mit unterschiedlichen Worten (Redundanz) erhöht die Wahrscheinlichkeit, dass Botschaften ankommen. Pädagogische Fachkräfte erhöhen die Verständigung mit den Eltern, wenn sie den Eltern zwischendurch die Bedeutung der vermittelten Sachinhalte auf der Basis ihres pädagogischen Fachwissens erklären (**Fachinterpretation**).

Einige klärende Worte darüber, was die Botschaften nicht bedeuten, können dazu beitragen, unnötige Ängste und Befürchtungen aufzufangen.

Exkurs: Neutralität der pädagogischen Fachkräfte

An dieser Stelle seien einige Hinweise zur Gesprächskultur eingeflochten. Von besonderer Bedeutung ist die *Neutralität* der pädagogischen Fachkräfte gegenüber den Personen, mit denen das Gespräch geführt wird, gegenüber den Problemen, die besprochen werden und gegenüber den Ideen, die in das Gespräch hineingetragen werden.

Hierzu gehören die Gedanken, wie sich die Eltern das problematische Verhalten ihres Kindes erklären (**Problemerklärungsmuster**), welche Ideen zur Lösung vorgetragen werden (**Lösungsideen**), sowie die Werte, die die Eltern vertreten (**Werthaltungen**) und in ihrem Leben umsetzen.

Zur **Gesprächskultur** gehören u. a. *Zuhören, Klarheit in der Sprache, Zusammenfassen*, *Rückmeldungen geben*, *um Rückmeldungen bitten*, *Neugier* als motivierende Grundhaltung für Nachfragen (Exploration) sowie eine *freischwebende Aufmerksamkeit*.

Neutralität bedeutet in diesem Zusammenhang, dass allen Beteiligten das Recht auf eine eigene Sichtweise eingeräumt wird, ohne dass ihre Äußerungen von einer sofortigen Bewertung oder moralischen Abwertung begleitet werden.

Allparteilichkeit und Neutralität sind zentrale Konzepte in der Gesprächsführung. Sie sind nicht Ausdruck von Gleichgültigkeit, sondern wollen dazu beitragen, dass alle Aspekte, Meinungen und Haltungen, die unausgesprochen in das Gespräch mit hineinwirken ihre Geltung erfahren. Neutralität verhilft den pädagogischen Fachkräften eine eigene Position zu wahren (Schlippe und Schweitzer 1999, S. 119).

Neutralität als Grundhaltung erhöht auch die Wahrscheinlichkeit im Gespräch als fachlich kompetent und vertrauenswürdig angesehen zu werden.

Exkurs: Kooperation der pädagogischen Fachkräfte

Wenn das Gespräch seitens der Tageseinrichtung für Kinder zu zweit geführt wird, sollten die beiden pädagogischen Fachkräfte ihre Ziele mit eigenen Worten benennen. Wichtig ist hierbei die Art, wie die Unterschiedlichkeit der Sichtweisen vermittelt wird. Gerade im Umgang mit schwierigen Eltern kann die Wortwahl einen nicht zu unterschätzenden Einfluss darauf haben, inwieweit die Eltern die pädagogischen Fachkräfte als sozial kompetent, professionell achtenswert oder sogar als Modell für Kooperation wahrnehmen und akzeptieren können.

Beispiel: *»Meine Kollegin hat gerade darauf hingewiesen, wie wichtig es ist, dass Sie Ihrem Sohn T. zuhören, wenn er wütend wird, um zu verstehen, was ihn dabei bewegt. Dies ist ein sehr wichtiger Aspekt, den auch ich teile.*

Es kann aber auch Momente geben, wo ein geduldiges Hinhören in diesem Augenblick bei Ihrem Sohn T. den Eindruck erwecken könnte, dass Sie sein Verhalten gutheißen. So könnte T. den Gedanken hegen, er dürfe noch lauter schreien. Ich bin in einigen Situationen gut damit gefahren, T.ruhig zu sagen, dass ich nicht bereit sei, ihm endlos zuzuhören, wenn er so laut sei. Ich habe ihm dann gesagt, dass ich erst wieder bereit sei, mit ihm zu reden, wenn er wieder ruhiger sei. Ich habe ihn dabei direkt angeschaut, weil ich wissen wollte, wie T. meine Worte auffasste. Danach habe ich mich umgedreht und bin gegangen.

Zehn Minuten später habe ich noch einmal bei ihm vorbeigeschaut und habe gesehen, dass er wieder ruhiger war. Ich habe mich darauf hin zu ihm gesetzt, habe ihn gefragt, ob er jetzt gesprächsbereit sei und dann haben wir miteinander geredet.«

Psychologischer Kommentar: In der Einleitung gibt die Kollegin einen Hinweis darauf, wie sie ihre Erfahrungen einschätzt. Ihre Erfahrungen stehen nicht im Gegensatz zu den Überlegungen, die zuvor geäußert wurden und hebt sie nicht auf (**Wertschätzung statt Abwertung**).

Ihre Ausführungen greifen die vorherige Grundüberlegung auf und differenziert diese anhand eines persönlichen Erfahrungs-beispiels (Authentizität). Das Beispiel verdeutlicht eine durchführbare Handlungsalternative für Erwachsene, wenn T. im Moment nicht in der Lage ist, sich auf ein Gespräch einzulassen.

Das Beispiel weist auf die Wichtigkeit hin, T. den Kontakt nicht aufzudrängen, sondern dem Kind einen Moment zur Selbstberuhigung zu geben. T. wird hierdurch die ***Fähigkeit zur emotionalen Selbststeuerung*** zugebilligt.

Die Fähigkeit zur emotionalen Selbststeuerung wird durch die Fähigkeit der pädagogischen Fachkraft gefördert, für beide Seiten wohltuende Grenzen im Kontakt zu ziehen und offen Bedingungen für die Fortführung des Kontaktes zu benennen.

Der Hinweis der pädagogischen Fachkraft, dass sie später noch einmal vorbeigeschaut habe, weist auf ihre ***Beziehungsverantwortung*** als erwachsener Mensch und als Erzieherin für T. hin.

Sie schildert, dass sie bei T. eine emotionale Veränderung wahrgenommen hat (möglicher Appell an die Eltern). Das Angebot zu einem weiteren Gespräch erfolgt respektvoll: die pädagogische Fachkraft fragte Timo nach seiner Bereitschaft zu einem Gespräch). Hier kommt eine *ethische Grundhaltung*zur Geltung. T. verdient Respekt als Mensch. *Respekt* in menschlichen Beziehungen kann nur *wechselseitig* sein.

Die Forderung von manchen respektlosen Erwachsenen an ihre Kinder, ihnen Respekt zu zollen, ist widersinnig. Kinder lernen dann sich der Forderung der Eltern zu unterwerfen.

Hinweis: Würdevoller Respekt muss im eigenen Leben erlebt worden sein, um ihn als Lebensgrundhaltung anderen Menschen entgegenzubringen.

5.6 Vereinbarungen erhöhen die Verbindlichkeit

Verbindliche Vereinbarungen zwischen den pädagogischen Fachkräften als Vertreter der Einrichtung und den Eltern des Kindes erhöhen die Verbindlichkeit des geführten Entwicklungsgespräches. Die Vereinbarungen können sich zum Beispiel auf Verhaltensbeoachtungen des Kindes durch die Eltern beziehen oder auf spezielle Verhaltensweisen der Eltern, die das Kind fördern können (**Kind zur Ergotherapie bringen**, **Sinn der Ergotherapie erklären und motivieren**).

Die Bereitschaft der Eltern sich auf verbindliche Vereinbarungen einzulassen, können als Hinweis darauf verstanden werden, inwieweit die Eltern die pädagogischen Fachkräfte anerkennen und die vorgeschlagenen Maßnahmen als sinnvoll für das Kind ansehen.

Es empfiehlt sich, die Vereinbarungen schriftlich niederzulegen und von beiden Seiten zu unterschreiben. Die schriftliche Vereinbarung enthält eine Einladung zu einem weiteren Elterngespräch, in dem die Ergebnisse der übernommenen Aufgaben besprochen werden.

Beispiel: *»In einem fest vereinbarten Gespräch am ... um Uhr tauschen sich die Eltern von T. (Frau N. und Herr N.) und die pädagogischen Fachkräfte Frau B. und Frau Z. über die Auswirkungen der Ergotherapie von T.aus. Eine schriftliche Einladung hierzu erfolgt nicht. Frau N. und Herr N. erklären ihre Bereitschaft, diesen Termin eine Woche vor dem vereinbarten Termin persönlich bei Frau Z. zu bestätigen.«*

5.7 Beendigung und Verabschiedung

Die pädagogischen Fachkräfte beenden das Gespräch durch eine kurze Zusammenfassung aller wichtigen Punkte, die in dem Elterngespräch angesprochen wurden.

Beispiel: »*Wir kommen nun zum Ende unseres Gespräches. Aus unserer Sicht haben wir alle wichtigen Punkte (hier noch einmal aufzählen) angesprochen. Stimmern Sie mit unserer Aufzählung überein oder möchten Sie noch etwas aus Ihrer Sicht ergänzen?*«

Wer die Einleitung zur Beendigung des Gespräches übernimmt, wird manchmal erst spontan entschieden. Um mögliche Verwirrungen zwischen den pädagogischen Fachkräften zu vermeiden, kann schon in der Vorbereitung des Elterngespräches festgelegt werden, wer das Elterngespräch beendet.

Wenn die Leiterin das Elterngespräch führt, wird sie das Gespräch auch beenden. Das Gleiche gilt auch, wenn die Gruppenleiterin das Elterngespräch alleine führt. Wenn die Gruppenleiterin und eine weitere pädagogische Fachkraft das Gespräch gemeinsam führen, können beide miteinander vereinbaren, dass beide pädagogischen Fachkräfte sich beim Gespräch abwechseln. In diesem Fall würde diejenige Fachkraft das Gespräch beenden, die zum Schluss nicht geredet hat.

Kooperation: Selbstverständlich können auch weitere Vereinbarungen zwischen den pädagogischen Fachkräften geschlossen werden. Die Entscheidung sollte aber in der Binnenbeziehung zwischen den pädagogischen Fachkräften klar und verbindlich sein.

Wenn die Eltern alle Hinweise zur Beendigung des Gespräches übersehen, beginnen Sie bitte höflich und klar mit der persönlichen Verabschiedung der Eltern.

Stehen Sie bitte zur Verabschiedung auf und verabschieden Sie sich von den Eltern (Blickkontakt zu den Eltern, Eltern mit Namen ansprechen, Eltern zur Tür hinausbegleiten).

Hinweis: Insbesondere bei Eltern, die die Signale der Beendigung nicht wahrnehmen oder übersehen, ist eine Klarheit beim Handeln unerlässlich. Momente des Zögerns oder der Unsicherheit können von den Eltern als Einladung angesehen werden, das Gespräch endlos auszudehnen, ohne dass substanziell neue Ideen in das Gespräch eingebracht werden.

Fallstrick: Es kann durchaus vorkommen, dass Eltern noch im Hinausgehen ein neues Thema ansprechen oder schnell noch einen ergänzenden Gedanken aussprechen (**Fallstrick**). Ein kurzes Nicken kann den Eltern zeigen, dass ihre Äußerung wahrgenommen wurde. Es besteht keinerlei Verpflichtung, die Äußerungen der Eltern als Appell zu verstehen, das Gespräch sofort wieder aufzunehmen und fortzuführen.

5.8 Nachklang

Ein intensiver Kontakt mit Menschen klingt mit seiner Atmosphäre und den Gefühlen und Gedanken, die er auslösen kann, noch eine Weile nach.

Die Gedanken können sich darauf beziehen, ob das Ziel, das mit dem Elterngespräch verbunden war, zur Zufriedenheit erreicht wurde. Manche Verhaltensweisen der Eltern oder auch eigenes Handeln werden erst mit einem inneren Abstand zum Gespräch deutlich wahrnehmbar. Hierzu gehören auch Gedanken und Gefühle, die während des Gespräches auftauchten und wahrgenommen wurden, die aber beiseite geschoben wurden, um den Gesprächsablauf nicht zu unterbrechen.

Intensiver können Gefühle sein, welche die Eltern während des Gespräches bei den professionellen Fachkräften auslösten. Neben Freude über ein gelungenes Gespräch kann auch ein Ärger über die Eltern wahrgenommen werden. Nicht selten kommt es auch vor, dass Eltern ein unbestimmtes Gefühl bei den pädagogischen Fachkräften hinterlassen, das erst einmal geortet und verstanden werden muss.

Die nachklingenden Gefühle können sich auf den Kontakt zwischen den Eltern und den pädagogischen Fachkräften beziehen. Sie können aber auch wertvolle Hinweise und Auskünfte über die Beziehungsdynamik der Eltern (**unausgesprochener Ärger zwischen den Eltern**) und die Beziehung zwischen den Eltern und den Kindern in der Familie geben.

Das sorgsame Nachspüren und Wahrnehmen von Gefühlen kann unter Umständen deutlich machen, wie verloren sich ein Kind in der Familie fühlen kann. Das Aufspüren und Nachspüren von Gefühlen geht auch einher mit einem spontanen Rollentausch, bei dem sich die pädagogischen Fachkräfte in den Vater oder die Mutter, mit denen sie eben gesprochen haben, hineinversetzen und zu verstehen suchen aus welcher Motivation heraus diese handeln könnten.

Bei sehr schwierigen Gesprächen mit problembehafteten Eltern hilft ein emotionales Nachklingen lassen auch dabei, sich darüber klar zu werden, inwieweit es sich bei den nachklingenden Gefühlen um eigne Gefühle handelt (**Selbstreflexion**) oder inwieweit der eigenen Person fremde Gefühle (die der Eltern und des Kindes) wahrgenommen und aufgenommen wurden (**Beziehungsreflexion**).

Ein bewusstes Nachklingen lassen verhilft hier dabei, wieder zu sich selber zurück zu schwingen (eigene Identität) und sich von den »fremden« Gefühlen zu »reinigen«.

Familienbrett: Auch Symbole oder die Verwendung eines **Familienbretts** können helfen, die unbewusste Beziehungsdynamik und Motivation der Eltern zu verstehen und die neu gewonnenen Erkenntnisse in neue Elterngespräche oder den pädagogischen Umgang mit dem Kind einfließen zu lassen.

Das Berühren der Figuren kann einen gedanklichen Rollentausch mit dem Vater, der Mutter oder dem Kind einleiten. Der Vorteil der Verwendung des Familienbrettes liegt darin, auch für die pädagogischen Fachkräfte Figuren aufzustellen und so mehrere Perspektiven berücksichtigen zu können *(»Als Vater würde ich nach dem Gespräch denken .... Als Mutter würde ich nach dem Gespräch denken ...«)*.

Es ist auch möglich beim Aufstellen von Figuren Menschen zu berücksichtigen, die gar nicht real an dem Gespräch teilgenommen haben. *»Als Großmutter von T. würde ich mir wünschen, dass die Erzieherinnen den Eltern einmal sagen, dass der kleine Niklas alles mitbekommt, wenn die Eltern streiten.«*

5.9 Zusammenfassung

Eine feste Struktur über den Ablauf eines Elterngespräches vermittelt Sicherheit und Klarheit sowohl für die pädagogischen Fachkräfte als auch für die Eltern selber. Eine klare Struktur ermöglicht es sowohl den Eltern als auch den pädagogischen Fachkräften immer wieder auf diese Struktur zurückgreifen zu können. Dies ist insbesondere wichtig, wenn es z. B. die emotionale Lage der Eltern erfordert, die vereinbarten Themen für einen Moment beiseite zu lassen und den Eltern Raum für sich selber zu belassen. Auch nach spontanen Ideen der pädagogischen Fachkräfte (z. B. ausführlicher Bericht über sehr schöne oder sehr schwierige Momente mit Kindern) hilft eine klare Struktur, vereinbarte Themen im Zentrum des Elterngesprächs zu halten.

? *Fragen zur Selbstreflexion*

Was tun Sie als pädagogische Fachkraft, wenn die Eltern unaufgefordert während der Vorbesprechung das Zimmer betreten und deutlich zeigen, dass sie jetzt mit dem Gespräch beginnen möchten.

Als was nehmen Sie die beiden Menschen, mit denen Sie reden, wahr? Sehen Sie die beiden in erster Linie als Vater und Mutter eines Kindes an (Elternrolle) oder als erwachsene Menschen (Mann und Frau, die auch Vater und Mutter sind)?

Was tun Sie, wenn Sie im Gespräch merken, dass Sie sich über die Eltern ärgern? Was tun Sie, wenn die Mutter oder der Vater Ihnen ein Kompliment macht zur Begrüßung, das Sie mit Ihrem Empfinden als nicht angemessen bewerten?

Was tun Sie, wenn Ihre Kollegin während des Gespräches von den vereinbarten Punkten abweicht? Was tun Sie, wenn Sie merken, dass Ihre Kollegin eine spontane Idee verfolgt, die aber für die Eltern wichtig sein könnte?

Was tun Sie als pädagogische Fachkraft, wenn die Eltern Sie am Ende eines Gespräches, das Sie gemeinsam mit einer Kollegin oder sogar der Leiterin geführt haben, bitten, noch einen Moment mit Ihnen reden zu dürfen.

Bitte stellen Sie sich dabei verschiedene Szenarien vor: a) das Gespräch ist sehr gut verlaufen und Sie haben einen guten Kontakt zu den Eltern; b) im Gespräch kam es zu Spannungen zwischen der Mutter und der Leiterin; c) die Leiterin nickt als die Mutter ihren Wunsch äußert und geht aus dem Zimmer.

Aufgrund welcher Überlegungen würden Sie das Gespräch fortführen? Aufgrund welcher Überlegungen würden Sie das Gespräch beenden?

Unter welchen Umständen laufen Sie im Elterngespräch Gefahr, die Neutralität gegenüber den Eltern nicht mehr wahren zu können? Welche Handlungen der Eltern würden Sie veranlassen, eine neutrale Haltung aufgeben zu wollen? Wann ist es sinnvoll, eine neutrale Haltung aufzugeben und in welcher Form sollte dies aus Ihrer Sicht geschehen.

Was tun Sie, wenn Sie gebeten werden, mit einer Kollegin zusammen ein Elterngespräch zu führen, mit der Sie gerade ein langes und strittiges Gespräch über ein Kind und den pädagogischen Umgang mit diesem Kind hatten?

6. Methoden

Pädagogische Fachkräfte werden in einem Elterngespräch auf die ihnen bekannten Methoden zurückgreifen. Die Umsetzung der Gesprächsmethoden ist eng verknüpft mit der Persönlichkeitchkeit des Menschen, der diese Gesprächsmethoden anwendet (**Authentizität**).

Eine eher gefühlvoll mitschwingende pädagogische Fachkraft wird eventuell dazu neigen, im Elterngepräche Gesprächsmethoden zu verwenden, die über emotionale Nähe Vertrauen herstellt und zur Kooperation einlädt.

Eine pädagogische Fachkraft, für welche die Vermittlung wichtiger Sachinhalte bei diesem Elterngespräch im Vordergrund steht, wird eher darauf achten und hinwirken, dass die Eltern den Sachinhalt ihrer Botschaft verstehen. Die Methode ihrer Wahl mag aus eine Mischung von Zusammenfassung und *kontrolliertem Dialog* sein, bei dem die Eltern immer wieder Rückmeldungen darüber geben, ob sie die vermittelten Sachinhalte verstanden haben.

Beide pädagogischen Fachkräfte werden wahrscheinlich gemeinsam darauf achten, dass die Eltern die in dem Elterngespräch erworbenen Kenntnisse zum Wohle des Kindes in konkretes Verhalten umsetzen.

Ein zielführendes Kriterium für die Wahl der verwendeten Gesprächsmethoden kann auch darin liegen, inwieweit es den pädagogischen Fachkräften gelingt, die Verständigungsebene der Eltern zu begreifen.

Hinweis: Die spontane Verständigung zwischen den pädagogischen Fachkräften und den Eltern wird umso höher sein, je eher es diesen gelingt, den Eltern im Gespräch eine ihnen geläufige Kommunikationsebene anzubieten.

Wenn die Art der Kommunikation des Kindesvaters sich sehr von der der Kommunikation der Kindesmutter unterscheidet, kann es unter Umständen sinnvoll sein, dass zwei pädagogische Fachkräfte spezifische Botschaften an die Eltern übermitteln.

So kann zum Beispiel die eine pädagogische Fachkraft im Kontakt mit der Kindesmutter hervorheben, wie wichtig es ist, dass die Kindesmutter sich so um ihr Kind sorgt und dabei ruhig eine gefühlsbetonte Sprache verwenden. Ergänzend kann die zweite pädagogische Fachkraft den Vater in einem sachlicheren Ton ansprechen, seine Verantwortung für das Kind unterstreichen mit ihm Vereinbarungen für den Besuch bei einer Ergotherapeutin treffen.

Besonderes Geschick erfordert es, wenn nicht zwei, sondern lediglich eine pädagogische Fachkraft zwischen beiden Kommunikationsvarianten hin- und herwechselt.

6.1 Die Ebenen der Kommunikation

Die professionelle Anwendung von Gesprächsmethoden setzt eine gute Kenntnis von Kommunikation und den verschiedenen Kommunikationsebenen voraus. Die Kenntnis der Axiome menschlicher Kommunikation ist Bestandteil aller pädagogischen Berufe. Die Grundlagen menschlicher Kommunikation sollen daher an dieser Stelle nur kurz gestreift werden. Das Beispiel zur Selbstreflexion greift bewusst eine sehr schwierige Konstellation auf, die ein sehr differenziertes Überdenken der Situation erfordert.

Watzlawick (2011) wies schon früh auf den besonderen Aspekt menschlicher Kommunikation hin: man kann nicht nicht kommunizieren. Kommunikation geschieht ununterbrochen im Kontakt mit Menschen. Kommunikation kann in seiner Form widersprüchlich sein: Verwirrungen entstehen beim Empfänger einer Botschaft, wenn der vermittelte Inhalt nicht mit dem übereinstimmt, wie der Inhalt vermittelt wird. Watzlawick spricht in diesem Zusammenhang von **Doppelbindungen** (S. 171 ff.).

Menschliche Kommunikation ist von einer Vielzahl von Motivationssträngen und Ambivalenzen durchzogen, die ein sehr genaues Hinhören und Nachfragen erfordern, um eine Verständigung zwischen Menschen zu ermöglichen.

Das Konzept der Doppelbindung bezieht die existenzielle Abhängigkeit von Menschen mit ein. Einem fremden Menschen mit kaltem Blick herzlich willkommen zu heißen, mag diesen Menschen etwas befremden, wenn er dem Widerspruch zwischen der verbalen Mitteilung und der Mimik in dieser Situation überhaupt einen Wert beimisst. Für sein Leben mag diese kurze Sequenz keinerlei Bedeutung aufweisen.

Beispiel: Ein kleines Kind, das von einem Elternteil einen abweisenden Blick erhascht und dabei die Worte hört, *»Ich liebe Dich, mein Schatz«*, mag verwirrt sein und wird versuchen zu verstehen, welche Grundhaltung hinter diesem Verhalten stecken mag *(»Liebt die Mama mich oder nicht, jetzt?«).*

Beziehungssicherheit: Wenn dieses elterliche Verhalten immer wieder als langandauernde Grundhaltung der Eltern auftaucht, läuft das Kind aufgrund seiner existenziellen Abhängigkeit von den Eltern Gefahr, in seinem Grundvertrauen und seinem Bindungsverhalten beeinträchtigt zu werden. Auf diesem Hintergrund mag verstehbar sein, dass Klarheit im Denken und im sprachlichen Ausdruck insbesondere im Kontakt zwischen pädagogischen Fachkräften mit Kindern einen besonderen Stellenwert hat. Die Klarheit im Denken und sprachlichen Ausdruck sorgt für **Beziehungssicherheit**.

Eine weitere Grundannahme (**Axiom**) bezieht sich auf die Kommunikationsstruktur. Watzlawick (2011) spricht von symmetrischer oder komplementärer Kommunikation.

»Zwischenmenschliche Kommunikationsabläufe sind entweder symmetrisch oder komplementär, je nachdem ob die Beziehung zwischen den Partnern auf Gleichgewicht oder Unterschiedlichkeit beruht.«

Beziehungen zwischen Partnern basieren entweder auf Gleichheit oder auf Unterschiedlichkeit. In komplementären Beziehungen ergänzen sich unterschiedliche Verhaltensweisen und bestimmen den Interaktionsprozess. Die Beziehungsgrundlage besteht hierbei im Unterschied der Partner.

Häufig drückt sich diese Unterschiedlichkeit in einer Unterordnung aus, d. h. der eine hat die Oberhand über den anderen. Eine symmetrische Beziehungsform zeichnet sich dadurch aus, dass die Partner sich bemühen, Ungleichheiten untereinander zu minimieren (Streben nach Gleichheit).

Jegliches Verhalten innerhalb von Beziehungen ist zugleich Ursache und Wirkung. Der Beginn wird von den Interaktionspartnern oft sehr willkürlich festgelegt (Watzlawick 2012). Es fehlt hier häufig eine kritische Selbstreflexion über die Beziehungsverantwortung, welche die Interaktionspartner (gemeint sind hier in erster Linie die Eltern) für einander haben.

Die Interaktion und Kommunikation innerhalb einer Familie kann auch von Lebensthemen der Partner geprägt sein. Typische Themen sind zum Beispiel: Macht und Kontrolle, Steigerung des Selbstwertes, Dominanz und Unterwerfung, Abwehr von Lebensängsten, traumatische Erfahrungen in der eigenen Familie oder den Herkunftsfamilien (Korittko und Pleyer 2011).

Schulz von Thun (2011) greift die Ideen von Watzlawick auf und unterscheidet vier verschiedenen Kommunikatonsebenen:

- den ***Sachinhalt*** (über welches Thema reden wir?),
- die ***Beziehungsebene*** (wie stehen wir zueinander und wie drücken wir dies aus? Was soll meinem Gegenüber von dem, wie ich die Beziehung verstehe, klar werden und wo bevorzuge ich, dass mein Gegenüber Aspekte unserer Beziehung nicht erkennt?),
- die ***Selbstoffenbarung*** (was teile ich im Gespräch durch meine Wortwahl und mein Verhalten über mich selber aus? Was möchte ich lieber verhüllen?) und
- den **Appellationscharakter** einer Äußerung *(»Ich möchte, dass Sie etwas tun! Ich möchte, dass sie etwas nicht tun. Ich möchte, dass sie etwas tun, aber nicht, weil ich es von Ihnen will, sondern eher von sich selber aus«).*

Ein professionelles Gespräch erfordert immer wieder Entscheidungen, welche Kommunikationsebene in den Vordergrund tritt und welche Kommunikationsebenen bewusst ausgeblendet werden, um ein sinnvolles Gespräch mit den Eltern weiterführen zu können.

Beispiel: Wenn ein Vater oder eine Mutter in einem Elterngespräch äußern, dass sie manchmal auch sehr sehr wütend auf ihr Kind sein können und Gefahr laufen, ein Kind zu schlagen, dann kann die Reaktion der pädagogischen Fachkräfte nicht allein in einem moralischen Verbot dieses Gefühls liegen *(»Als Vater/Mutter sollten Sie aber schon wissen, dass Sie Ihr Kind nicht schlagen dürfen«).*

Eine sinnvolle Alternative könnte hier sein, die Eltern für ihre Offenheit und das damit verbundene Vertrauen zu loben und den Vater/die Mutter nach ihrer sicherlich vorhandenen Fähigkeit zur emotionalen Selbststeuerung (**Impulskontrolle**) zu fragen. *»Ich finde es zeugt von Vertrauen uns gegenüber, wenn Sie in Gespräch offenlegen, wie wütend Sie auch auf Ihr Kind seien können. Ich würde gerne wissen, wie Sie mit Ihrem Gefühl von Wut umgehen, wenn Sie in Gegenwart Ihres Kindes so wütend werden, dass Sie befürchten, dass Sie die Kontrolle verlieren könnten?«*

Neben offen vereinbarten Themen können bei allen Beteiligten noch **heimliche Nebenthemen** mitschwingen (*»Ich rede mal mit der netten Erzieherin, die ist viel freundlicher als mein Mann/meine Frau.« – »Dieser Mutter, die mich sooft hat links liegen lassen, zeig ich's mal.«*). Diese heimlichen Nebenthemen können sich auf alle Kommunikationsebenen beziehen.

Ein sehr komplexes Beispiel soll die Macht von Verstrickungen, die in ein Gespräch hineinwirken können, deutlich machen und zum Nachdenken anregen. Bewusst wurde hier auf eine Schilderung eines »guten Ausgangs« verzichtet. Dieses durchaus nicht fiktive Beispiel möchte darauf hinweisen, dass das Zusammenspiel von Menschen in der Kommunikation so verzwickt sein kann, dass ein klares Ziel weder angesprochen noch erreicht werden kann. In den diesem Abschnitt folgenden »Fragen zur Selbstreflexion« werden die Verstrickungen verdeutlicht:

? *Fragen zur Selbstreflexion*

Bitte stellen Sie sich doch einmal vor, wie die Kommunikation bei folgender Konstellation aussehen mag: an einem Gespräch nimmt die pädagogische Fachkraft teil, die Mutter eines Kindes mit einer Entwicklungsverzögerung und ein Vertreter eines Jugendamtes. Die Mutter hat der pädagogischen Fachkraft etwas Persönliches mitgeteilt, dass diese aber nicht in diesem Gespräch verwenden darf.

Der Mitarbeiter des Jugendamtes ist davon überzeugt, dass die Mutter nicht gut für das kleine Kind sorgt. Im Gespräch mit der Kindesmutter und der pädagogischen Fachkraft möchte er aber noch Informationen gewinnen, die seine Überzeugung untermauern. Er darf seine Absicht aber nicht offen äußern.

Die pädagogische Fachkraft ist überzeugt, dass die Kindesmutter im Grunde eine gute Mutter ist, weiß aber um einen persönlichen Konflikt der Kindesmutter, den diese erst für sich klären müsste. Sie möchte die Kindesmutter zwar unterstützen, aber auch nicht ihr Vertrauen missachten.

Wie spricht man etwas an, das nicht angesprochen werden darf, wenn das gegenseitige Vertrauen fehlt?

*Die Verknotungen in dieser Konstellation werden verständlicher, wenn man bedenkt, dass die Menschen in diesem Gespräch einander in **Rollen** begegnen, die unterschiedliche Aufgaben beinhalten.*

Die Erziehungspartnerschaft zwischen Eltern und den pädagogischen Fachkräften benötigt ein gegenseitiges Grundvertrauen. Inwieweit sich pädagogische Fachkräfte in Geheimnisse einbinden lassen, mag in jedem einzelnen Fall neu entschieden werden.

Bei der Beziehung zwischen der Kindesmutter und dem Vertreter des Jugendamtes mag der sicherlich vorhandene Kontrollauftrag des Jugendamtes zu Vorsicht der Kindesmutter beitragen.

*Bei einer kommunalen Trägerschaft kann offen oder indirekt eine Koalition zwischen den kommunalen Mitarbeitern eingefordert werden (trägerinterne **Loyalität**), welche zu einer Beeinträchtigung der Qualität der Erziehungspartnerschaft führen könnte.*

6.2 Der Einsatz von Gesprächsmethoden

Die Methoden professioneller Gesprächsführung sind eng miteinander verwoben. Die folgenden Schilderungen wollen diesem Umstand Rechnung tragen. Komplexere Interventionen schließen immer wieder eine Kombination unterschiedlicher Methoden ein.

6.2.1 Paraphrasieren

Die Verständigung in der Kommunikation wird durch Wiederholungen gestärkt. Beim Paraphrasieren werden wichtige Gedanken mit eigenen Worten wiederholt. Wichtig ist hierbei die eigene Wortwahl. Erst die Verwendung eigener Worte vermittelt dem Gegenüber, dass er oder sie verstanden wurden. Durch die persönliche Wortwahl unterscheidet sich das Paraphrasieren von der Echolalie, dem als sinnlos erlebten Wiederholen von Worthülsen. Die pädagogische Fachkraft wiederholt mit eigenen Worten die Substanz dessen, was sie von den Worten der Eltern verstanden hat. Die Wiederholung mit eigenen Worten dient der pädagogischen Fachkraft auch zur Sicherheit, die Eltern richtig verstanden zu haben *(»Verstehe ich richtig?«)*. Die Zusammenfassung mit eigenen Worten kann zum Beispiel mit einer Schilderung des Eindrucks der pädagogischen Fachkraft beginnen.

Das Paraphrasieren durch die pädagogische Fachkraft beinhaltet auch eine Rückmeldung an die Eltern: *»Ich bin mir nicht sicher, ob ich Sie so verstanden habe, wie Sie es gemeint haben. Deshalb sage ich einmal mit eigenen Worten, wie ich Sie verstanden habe und bitte Sie, mir danach mitzuteilen, ob Sie den Eindruck haben, dass ich Sie richtig verstanden habe.«*

Weitere typische Redewendungen sind:
- *»Verstehe ich Sie richtig, dass . . . ?«*
- *»Meinen Sie, dass . . . ?«*
- *»Ich höre aus dem, was Sie sagen, heraus, dass . . .«*

Die Rückmeldung durch Paraphrasieren gibt den Eltern die Sicherheit, dass sie angemessen durch die pädagogischen Fachkräfte wahrgenommen werden.

Das Paraphrasieren kann auch verwendet werden, um die Wichtigkeit einer Äußerung der zweiten pädagogischen Fachkraft zu unterstreichen oder die Position der Kollegin zu stärken. *»Das ist ein ganz wichtiger Aspekt, den meine Kollegin da äußert, der mir auch sehr wichtig ist: dass Sie und Ihre Kinder in der Familie etwas mehr Zeit miteinander verbringen und die Kinder so spüren werden, wie schön es ist, einfach so zusammen zu sein.«*

6.2.2 Spiegeln

Die Verwendung von Sprache beim Spiegeln (mit eigenen Worten wiederholen) kann eine sehr emotional aufgeladene Situation unterbrechen. Im Vergleich zum Denken und Fühlen ist Sprechen erheblich langsamer. Das Spiegeln kann auch als Einladung verstanden werden, gemeinsam einmal über eine spezielle Interaktion zwischen Mutter und Kind nachzudenken. Das Spiegeln kann auch dazu verwendet werden, Tempo aus dem Elterngespräch herauszunehmen.

Neben dem Spiegeln mit Sprache besteht bei einem sehr guten Vertrauen zwischen den pädagogischen Fachkräften und den Eltern die Möglichkeit, dass die pädagogischen Fachkräfte eine bestimmte Verhaltenssequenz zwischen einem Elternteil und einem Kind nachspielen und die Eltern sehen sich diese Szene als Zuschauer, nicht als emotional verwobene Handelnde, an (Ameln, F. v., Gerstmann, R. und Kramer, J. 2009, S. 500).

Der Rollenwechsel zwischen aktivem Gesprächspartner einerseits und Zuschauer andererseits verhilft häufig zu einer gesunden emotionalen Distanz zum eigenen Handeln. Nicht selten gelingt es Eltern aus dieser Position heraus, das eigene Handeln kritisch zu reflektieren und Alternativen zu entwickeln *(»So habe ich das ja noch nie gesehen«)*.

Eine wichtige Voraussetzung beim gespielten Spiegeln *(»Dürfen wir Ihnen einmal zeigen, wie wir Sie im Kontakt mit ihrem Kind erleben?«)* ist eine Haltung der Achtsamkeit und der Wertschätzung der pädagogischen Fachkräfte gegenüber den Eltern.

Fehlt diese Grundhaltung oder wird die Erlaubnis bei den Eltern nicht eingeholt, so kann das »Vorspielen« schnell als beschämendes »Vorführen« wahrgenommen werden und bei den zuschauenden Eltern Widerstand auslösen. Voraussetzungen für ein gutes Rollenspiel sind eine genaue Beobachtung des Interaktionsverhaltens, ein emotionales Verständnis (**Empathie**), wie die Eltern und das Kind sich fühlen mögen und die Fähigkeit zur szenischen Darstellung.

6.2.3 Rückmeldungen

Ehrliche verhaltensbezogene Rückmeldungen können sich auch auf die Kommunikationsebenen beziehen, die die Eltern verwenden und diese stärken. *»Ich finde es sehr schön, wie offen Sie hier schildern, wie liebevoll Sie mit Ihrem Sohn umgegangen sind, als er so traurig und verzweifelt war und nicht wusste, was er machen sollte und dann ganz wütend wurde.«* Die Rückmeldung zielt hier darauf ab, dass die Eltern im Gespräch das Vertrauen finden, ganz offen zu sprechen (**Selbstoffenbarung**).

Zudem werden die Eltern für ein gutes Beziehungsverhalten zu ihrem Sohn gelobt (auch Erwachsene brauchen Zuspruch!). Das Lob hebt auch hervor, dass die Eltern emotional verstanden haben, welche Gefühle hinter der nach außen gezeigten Wut ihres Sohnes verbergen. Durch das Lob und die damit verbundene Anerkennung wird hier die **Empathie der Eltern verstärkt**. Achtungsvolle Ehrerbietung erlangt aber auch die Würde der Eltern.

Je nach Beziehung zwischen den pädagogischen Fachkräften und den Eltern kann sich hier auch eine Rückmeldung der pädagogischen Fachkraft an die Eltern anschließen, bei der diese schildert, wie sie ein ähnliches Verhalten des Jungen erlebte und wie sie damit umging.

Wichtig scheint mir hier die Haltung zu sein, mit der diese Schilderung erfolgt. *»Ja, Ähnliches habe ich neulich auch mit Ihrem Sohn erlebt . . .«*, kann als Einladung wirken, miteinander über gute und gelungene Momente des Kontaktes mit dem Kind zu sprechen.

Ein Austausch über gelungene Momente kann die Erziehungspartnerschaft stärken und gleichzeitig auch etwas Nähe zwischen Eltern und den pädagogischen Fachkräften herstellen, ohne sich in dieser Nähe aufzulösen.

6.2.4 Ideen säen

In die Schilderung eines Ablaufes oder Gedankens wird wie zufällig eine Idee eingeschoben, ohne jeden Kommentar, ohne jede Bewertung. Die sollte auf jeden Fall darauf abzielen, den Eltern eine neue Handlungsmöglichkeit oder eine neue Sichtweise nahe zu bringen, ohne diese zu zwingen, diese Idee sofort verbindlich aufzugreifen und umzusetzen.

So kann zum Beispiel der Hinweis, wie schön es für alle sein könnte, als Familie miteinander Zeit zu verbringen, mit dem Hinweis beendet werden: *»vielleicht auch schön für Sie als erwachsene Menschen«*, wenn die Eltern sich schwer tun, sich als erwachsene Menschen auf die Ebene der Kinder zu begeben.

Bei Eltern, die befürchten, dass sie als Paar zu kurz kommen, könnte der Hinweis, *»vielleicht können Sie auch als Paar freuen, wie schön ihre Kinder gedeihen«*, dazu führen, dass sie in ihrem Denken und Erleben Eltern sein und Paar sein nicht mehr so sehr als einander ausschließende Rollen, sondern als Ergänzung ansehen. Die Elternschaft ist aus der Partnerschaft hervorgegangen. Die Partnerschaft der Erwachsenen ist mit der Elternschaft nicht untergegangen.

Es müssen auch nicht immer die eigenen Ideen sein, die die pädagogischen Fachkräfte in das Elterngespräch einflechten. Die Intervention, *»Es gibt Eltern, die in dieser Situation mit ihren Kindern gemeinsam lachen würden«*, kann sehr wirkungsvoll sein und die pädagogischen Fachkräfte auch entlasten.

Die Erwähnung von Eltern kann auch auf ein breites Spektrum vom Möglichkeiten hinweisen: *»Ich kenne Eltern, die in so einer Situation, wie Sie sie geschildert haben, hellauf gelacht haben. Ich weiß aber aus Gesprächen mit anderen Eltern, die ich im Verlaufe der letzten 30 Jahre geführt habe, dass Eltern auch traurig, zornig und ärgerlich wurden und dies ihren Kindern auch ganz direkt mitgeteilt haben, damit ihre Kinder merkten, was sie in ihren Eltern auslösten. Wenn Sie hören, wie unterschiedlich Eltern reagieren können, was denken Sie, passt zu Ihnen? Es kann auch Unterschiede geben zwischen Ihnen als Vater und Ihnen als Mutter.«*

Die Grundidee beim Einstreuen neuer Gedanken liegt darin, das Denken der Eltern zu verändern und sie an mögliche neue Handlungsweisen heran zu führen. Als hilfreich und motivationsfördernd erweist sich die Fokussierung von Ressourcen.

6.2.5 Ressourcen

Die Hinwendung zu bereits vorhandenen Fähigkeitenkann für die Eltern sehr entlastend sein. Die pädagogischen Fachkräfte fragen interessiert und neugierig nach bereits vorhandenen und offen gezeigten Verhaltensweisen oder ermutigen dazu, verloren geglaubte Ressourcen wieder neu zu beleben.

Beispiel: So kann eine Mutter, die über Überbelastung durch ihre kleinen Kinder klagt, nach Momenten der Freude und Unbeschwertheit im Kontakt mit den Kindern gefragt werden. *»Sie schildern wie schwer Sie an der Verantwortung für Ihre Kinder Sandra und Martin tragen. Sicherlich werden Sie alles tun, damit es Ihren Kindern gut geht.*

Wir fragen uns aber auch, ob es in den letzten Jahren seit der Geburt Ihrer Zwillinge auch Momente gab, wo Sie sich über die beiden un-

beschwert freuen konnten und die gemeinsame Zeit für einen kurzen Moment vielleicht sogar genießen konnten. Wir möchten Sie einladen, sich einen Augenblick Zeit zu nehmen, um sich zu erinnern und sich dem Gefühl bewusst zu werden, das mit dieser Erfahrung mit Ihren Kindern verbunden war ... Glauben Sie, dass es Ihnen und Ihren Kindern Sandra und Martin guttun könnte, wenn Sie sich überlegen würden, was Sie tun können, um diese Unbeschwertheit miteinander noch einmal zu erleben?«

Psychologischer Kommentar: Die Intervention wirkt durch die Erlaubnis, sich jetzt sofort Zeit für die Erinnerung an ein schönes Erlebnis mit den Kindern zu nehmen und dieses Erlebnis aktiv wieder herzustellen. Zudem weist die Formulierung darauf hin, dass es in Ordnung ist, wenn die Mutter auch für das eigene Wohlbefinden und eine eigene Zufriedenheit sorgt. Eltern, die über eine gute Selbstsorge verfügen, wirken als Modell für ihre Kinder *(»Es ist gut, achtsam mit sich selber umzugehen«)*.

6.2.6 Beziehungen erfragen

Auch eine *Beziehung* kann durch spezielle Beziehungsfragen anschaulich werden. Die Fragen können dabei so gestaltet werden, dass sie ein Beziehungsgefüge erfassen, wie es durch Dritte wahrgenommen und erfasst wird. Bei allen Beteiligten werden so Sichtweisen und neue Denkprozesse angeregt. Die Fragen zielen dabei auf die Wahrnehmung von Beziehungsmustern.

»Sie haben eben eine Situation geschildert, wo Sie und Ihre Kinder Sandra und Martin stundenlang spielten und sie alle dabei sehr fröhlich und zufrieden waren. Wenn Ihre eigene Mutter diese Situation hätte miterleben können, woran genau hätte sie gemerkt, dass das gemeinsame Spielen und Zusammensein für Sie so schön war?«

»Woran könnten die anderen Kinder in der Gruppe von Sandra und Martin merken, wenn es Ihnen gelingen würde, noch einmal einen so schönen Samstagnachmittag miteinander zu verbringen?«

»Was könnten wir hier in der Kita im Kontakt mit Sandra und Martin tun, damit es Ihnen zu Hause leichter fiele, ein paar ruhige Stunden mit einander zu verbringen?«

»Was könnte Ihre Mutter oder vielleicht ein anderer erwachsener Mensch zu dem Vater von Sandra und Martin sagen, was in Sandra und Martin den Wunsch erweckt, Ihnen einen gemeinsamen Spielenachmittag vorzuschlagen?«

Psychologischer Kommentar: Diese Beziehungsfragen verdeutlichen, dass Beziehungen in ein *Beziehungsnetz* eingewoben sind. Diese Beziehungen (und damit die Menschen) wirken aufeinander ein und tragen so zum guten Gelingen oder auch zum Scheitern von Beziehungen bei.

Für eine junge Mutter kann es schon von Bedeutung sein, ob sie im Kontakt innerhalb ihrer Herkunftsfamilie auf Kritik und hohe Erwartungen stößt oder sich von liebevollem Wohlwollen und fürsorglicher Hilfsbereitschaft getragen weiß.

Die Kenntnis eines familiären Beziehungsgefüges hilft zudem auch, das individuelle Verhalten der Kindesmutter oder des Kindesvaters zu verstehen. Jungen Eltern, die noch in den Beziehungsmustern ihrer Herkunftsfamilien verfangen sind, hilft es wenig, ermutigt zu werden, sich von ihren Eltern abzulösen. Es könnte aber hilfreich sein, die Erlaubnis zu erhalten, sich trotz der Einmischungsversuche von außen »kleine Siedlungsinseln« für ihre eigene Familie zu gönnen, in denen sie auf ihre eigene Art und Weise Familie sein dürfen.

Hinweis: Beziehungsfragen können auch auf *neue Möglichkeiten* hinweisen. *»Wie würde Ihre Mutter, die immer nur Forderungen an Sie stellt und keinen Blick dafür aufbringt, was Sie als junge Mutter jetzt brauchen, reagieren, wenn Sie sich Hilfe und Unterstützung für sich und Ihre Kinder bei anderen jüngeren Müttern suchen würden? Wäre sie unzufrieden mit Ihnen und würd sie Ihnen noch*

mehr Vorwürfe machen oder könnten Sie sich vorstellen, dass Ihre Mutter auch ein wenig erleichtert wäre?«

Sollte es sich herausstellen, dass die Beziehungsfragen sich durch die Eltern nicht oder nur unklar beantworten lassen, besteht die Möglichkeit, dass die pädagogischen Fachkräfte stellvertretend eine Formulierung anbieten.

Beispiel: *»Ich sehe, dass es Ihnen schwerfällt, diese Frage zu beantworten. Nehmen wir einmal an, Ihre Mutter wäre zu diesem Gespräch heute eingeladen worden, wo würde diese heute sitzen? Sie würden Ihre Mutter heute auf den Stuhl direkt neben sich stellen, habe ich das so richtig verstanden? Die Mutter hätte sie immer im Blick.*

Ich möchte einmal etwas ausprobieren. Ich stelle mich einmal hinter den Stuhl Ihrer Mutter und versuche mir vorzustellen, wie diese wohl auf Ihr Ansinnen, sich bei anderen jüngeren Frauen und Müttern Unterstützung zu holen, reagieren könnte. Ich merke, wie ich hier hinter dem Stuhl Ihrer Mutter etwas traurig werde. In der Rolle Ihrer Mutter geht mir so ein Satz durch den Kopf: ›Ich bin traurig, dass ich meine Tochter verlieren könnte. Deshalb versuche ich meine Tochter durch Kritik an mich zu binden.‹ Könnte das so eventuell stimmen, Frau N.?«

Auf der Basis der Einfühlung der pädagogischen Fachkraft werden mögliche Wünsche, Gedanken, Gefühle und unausgesprochene Absichten angedeutet. An dieser Stelle geht es nicht um den tatsächlichen Wahrheitsgehalt dieser Vermutungen. Diese müssten in der Tat erst einmal im Dialog mit der Großmutter überprüft werden.

Die Adressatin dieser Intervention ist vielmehr die Kindesmutter, der dieser kurze Rollentausch dazu dienen soll, abzuschätzen, wie sich ein verändertes Verhalten von ihr selber auf ihre Beziehung zu ihrer eigenen Mutter auswirken könnte. Eine *explorative Frage* an die Kindesmutter könnte zum Bespiel lauten: *»Und wie ginge es Ihnen, wenn Sie sich ver-*

mehrt mit anderen Müttern austauschen würden?« Hier wird die Selbstreflexion angeregt.

Während eine intensivere Beziehungsklärung zwischen der Kindesmutter und ihrer eigenen Mutter nicht Thema eines Elterngespräches in einer Kita sein kann, kann im Elterngespräch sehr wohl reflektiert werden, inwieweit sich eine Neuorientierung der jungen Mutter hin zu gleichaltrigen Müttern auf die Beziehung zwischen den Kindern (im Bespiel Sandra und Martin) zu ihrer Großmutter oder beiden Großeltern auswirken mag. Ergänzend kann auch auf diese Art und Weise die vermutete oder tatsächliche Haltung des Kindesvaters erfragt werden.

Der Klarheit wegen sei darauf hingewiesen, dass bei den oben genannten Beziehungsmustern die Überlegung zugrunde liegt, dass eine gesunde Abgrenzung von der Herkunftsfamilie mit einem Gewinn an persönlicher Autonomie (Bandbreite der eigenen Lebensgestaltung) einhergeht und als wünschenswert angesehen wird.

Die Überlegung beinhaltet auch, dass Eigenständigkeit in Beziehungen ein erstrebenswertes Ziel in der Erziehung der Kinder darstellt und Eltern hierfür ein gutes Modell für ihre Kinder sein können, wenn ihnen selber dieser Entwicklungsschritt gelingt.

Gezielte Fragen zu den Grundüberzeugungen der Familie können dazu verhelfen, das Beziehungsgefüge der Familie zu verstehen. Die für die Familie typischen Beziehungsmuster wirken ja auch auf das Beziehungsverständnisses der Kinder im Kindergarten und zeigen sich auch in ihrem Sozialverhalten gegenüber anderen Kindern und ihm Spiel.

Beispiele: *»Als Familie halten wir alle zusammen«*, mag eine Grundüberzeugung sein, die auf einer verbindlichen Solidarität beruhen mag. Die Eltern werden an einer guten sozialen Entwicklung ihres Kindes großes Interesse hegen.

»Wir halten einander fest«, kann zu einer starken Abgrenzung zwischen Familie und anderen Menschen führen und sich in einer mangelnden Kooperation zwischen Eltern und der Kita zeigen. In der Familie selber können Autonomiebestrebungen einzelner Familienmitglieder argwöhnisch beäugt oder sogar offen verhindert werden.

In einer neu gegründeten Patchwork-Familie kann das Motto lauten: *»Wir müssen einander noch finden«*. Bei Kindern kann dies zu einer Suche nach Sicherheit in Beziehungen in der Kita führen (z. B. mehr Nähe zu den pädagogischen Fachkräften), oder auch zu einer Überprüfung der Bindungssicherheit.

6.2.7 Refraiming

Menschen messen ihrem eigenen Handeln Bedeutung und Sinnhaftigkeit bei. Dahinter steht die Frage, wie Eltern sich in ihren verschiedenen Rollen innerhalb ihres selber wahrnehmen und welche Überzeugungen und Handlungserwartungen mit diesen Rollen verbunden sind.

Die Umdeutung ist eine sehr wichtige Intervention. Bei dieser Methode wird einem Geschehen eine neue Bedeutung beigemessen. Das Geschehen erhält einen neuen Sinn, indem es mit einem neuen Rahmen verbunden wird, der die Bedeutung des Geschehens verändert (Schlippe und Schweitzer 1999, S. 177).

Durch eine Veränderung des Denkens soll zu neuem Handeln ermutigt werden oder zuvor kritisch beäugtes Handeln anderer kann nun in einem anderen Lichte wahrgenommen und emotional angenommen werden. Die Umdeutung muss einen prägnanten Unterschied zu der bisherigen Sichtweise herstellen. Die Umdeutung soll einen Zweifel wachrufen über das bisher übliche Denken und Handeln.

Beispiel: Eine junge Mutter sagt: *»Meine Tochter ist immer so laut. Viel lauter als ich selber. Kinder sollten nicht so auffallen. Und sie ist so misstrauisch anderen Erwachsenen gegenüber. Ich hätte lieber einer ruhigere Tochter, die nicht so viel Mühe bereitet.«*

Eine Neurahmung, die das Verhalten der Tochter im Blick hat, könnte so aussehen: *»Ihre Tochter ist laut und sie ist sehr direkt im Umgang mit anderen Kindern. Wir haben auch gesehen, dass sie gegenüber anderen Erwachsenen misstrauisch ist und dass sie lange braucht, bis sie Vertrauen findet. Dieses Misstrauen schützt sie auch. Ihre Tochter wird* *wahrscheinlich immer sehr eigenständig sein und nie mit einem fremden Erwachsenen mitgehen.«*

Hinweis: Selbstsorge wird oftmals als egoistisches Verhalten bewertet und abgewertet. Selbstsorge wird dabei als ein Verhalten angesehen, dass nicht mit dem als erwünscht angesehenen Rollenverhalten einer Mutter (eher eines Vaters) angesehen wird. Dabei wird übersehen, dass Selbstsorge und Fremdsorge zwei Seiten einer Medaille sind: ich bringe mir selber dieselbe Achtsamkeit entgegen, die ich anderen entgegenbringe.

Es geht nicht um ein Entweder – Oder: entweder ich achte als Vater oder Mutter auf mich oder auf mein Kind. Diese Haltung löst bei verantwortungsvollen Eltern eher einen Konflikt aus. Eine einfache Umdeutung – im Elterngespräch als Idee eingeflochten – kann hier zu einer Veränderung führen: Eltern, die sorgsam auf sich selber achten (z. B. wichtige Bedürfnisse wahrnehmen und beachten, Lebenswünsche ernst nehmen und ihre Umsetzung verfolgen, sich Zeit für sich selber nehmen, auf eigene Grenzen in Beziehungen achten, Beziehungen und Freundschaften pflegen), sind ein gutes Modell für ihre Kinder und bringen diesen durch persönliches Zeugnis Selbstachtsamkeit als wichtiges Lebens- und Beziehungskonzept in überzeugender Weise nahe.

6.2.8 Interaktionsbeobachtung

Die alltägliche Beziehung (Interaktion) zwischen der Mutter und dem Kind, bzw. dem Vater und dem Kind beeinflusst die Entwicklung eines Kindes.

Die Ermutigung zu einer bewussten Beobachtung des eigenen Umgangs zwischen der Mutter und dem Kind, bzw. dem Vater und dem Kind während eines Elterngespräches kann dazu führen, dass Eltern bewusster auf auf die Qualität der Eltern – Kind – Beziehung achten und diese bewusster gestalten und erleben.

Die Interaktionsbeobachtung kann mit einer Aufgabe beginnen. (*»Wir bitten Sie, Ihre Tochter für jedes Verhalten, das auf Eigenständigkeit schließen lässt, ausführlich zu loben. Die beobachteten Verhaltenswei-*

sen schreiben Sie bitte in Stichworten auf und auch, mit welchen Worten Sie Ihre Tochter gelobt haben. Als hilfreich hat sich auch erwiesen, die eigenen Beweggründe für das Loben noch mit aufzuschreiben. Zum Beispiel: ›Ich habe mich gefreut, dass Lisa offen gesagt hat, was sie will‹.«).

Die Interaktionsbeobachtung kann auch mit unterschiedlichen Aufgaben verbunden sein. *»Wenn Margot wieder sehr laut schreit, gehen Sie bitte zu ihr hin, hocken sich vor sie hin, schauen sie an und fragen sie, warum sie so laut schreie. – Bitte achten Sie darauf, ob und wie schnell sich Margot bei diesem Kontakt beruhigt. – Bitte probieren Sie einmal aus, was passiert, wenn Sie auf das Schreien von Margot nicht reagieren. Sie bleiben einfach in dem Raum, in dem Sie gerade sind und horchen, was passiert.«*

Die Interaktionsbeobachtung kann sich auch auf Momente des gemeinsamen Kontaktes und des sich gegenseitig aneinander Freuens beziehen. Dieser Aspekt von Beziehungen kann im Alltag verloren gehen und bedarf einer bewussten Pflege. Die bewusste Fokussierung der Wahrnehmung auf positive Aspekte der Beziehung zwischen Eltern und Kindern kann manchmal zu überraschenden Ergebnissen führen und vor allem den Eltern die Einsicht vermitteln, dass sie von sich aus *aktiv* die Qualität der Beziehung zu den Kindern verändern können.

6.3 Die Persönlichkeit der pädagogischen Fachkraft

Die Verwendung einzelner Methoden und die Art wie diese Methoden angewandt werden, ist stark von der beruflichen Lebenserfahrung und der Persönlichkeit der pädagogischen Fachkraft abhängig.

Zögerliche Erzieherinnen mögen vielleicht Methoden bevorzugen, die darauf abzielen, die Eltern durch Bestätigung zum Nachdenken und zur Selbstachtsamkeit anzuregen wie zum Beispiel einfühlsames Spiegeln *(»Sie ziehen es vielleicht vor, im Kontakt mit Ihrem Sohn etwas Abstand zu wahren. Ist das allein mein persönlicher Eindruck oder ist Ihnen das selber schon einmal aufgefallen?«)*. Schnelle Rückmeldungen *(»Sie halten sehr viel Abstand zu Ihrem Sohn, wenn Sie mit ihm reden«)* erfordern mehr Treffsicherheit und die Fähigkeit, abwehrende Reaktionen der Eltern auszuhalten.

Es ist nicht Aufgabe und Ziel dieser Broschüre, unterschiedliche Persönlichkeiten von Menschen darzustellen und zu bewerten. Unterstrichen werden soll vielmehr der Aspekt der Gleichwertigkeit unterschiedlicher Persönlichkeiten.

Jedwede Methode wirkt dadurch, dass die jeweilige pädagogische Fachkraft diese authentisch und überzeugend anwendet. Wird dies im Kontakt für die Eltern spürbar, kann die pädagogische Fachkraft eine tragfähige und vertrauensvolle Beziehung zu den Eltern aufbauen.

Hinweis: Zu einer authentischen Persönlichkeit gehören eine authentische Wahl der Methoden und ein souveräner Umgang mit einzelnen Methoden.

6.4 Intuition

Wesentliche Merkmale von Intuition sind Gedanken oder Eingaben, welche auf dem Unterbewusstsein beruhen und ohne Reflexion (Nachdenken) zustande kommen. Intuitive Gedankenblitze, Gefühle oder Ideen lassen sich nicht rational erklären. Sie sind »einfach da« ohne dass man deren Entstehung oder Herkunft selbst begründen könnte. Intuition hilft größere Zusammenhänge spontan auf verschiedenen Bedeutungsebenen zu erfassen.

Für Rousseau war Intuition die *souveräne Intelligenz*, die mit einem Blinzeln die Wahrheit aller Dinge erkannte.

Neuere Forschungen weisen darauf hin, dass erfahrene Fachkräfte über eine gut ausgeprägte Intuition verfügen, die Ihnen dazu verhilft, komplexe soziale Situationen schnell zu erfassen und methodische Interventionen zielgerichtet einsetzen können (Rudolf 2012).

Erfahrene Fachkräfte können auf dieses Wissen zurückgreifen und ihm vertrauen, auch wenn ein intuitiv denkender, fühlender und handelnder Mensch nie genau ausführen kann, wie dieses intuitive Wissen in den jeweiligen Momenten entstand.

Intuitive Erkenntnisse sind auf einer rein rationalen Ebene nicht erklärbar, bildet aber mit bewusst angeeignetem fachlichen und methodischen eine gute Basis für eine produktive Arbeit mit den Kindern und Gesprächen mit den Eltern.

Das Vertrauen auf die eigene Intuition kann erfahrenen pädagogischen Fachkräften die Sicherheit geben, vorbereitete Themen und Ziele bei einem Elterngespräch zeitweilig zu verlassen, um unausgesprochen mitschwingende zentrale Beziehungsthemen innerhalb der Familie anzusprechen. Teilweise können hierbei Themen angesprochen werden, die der Kindsmutter oder dem Kindesvater noch gar nicht bewusst sind.

Die Intuition bahnt sich manchmal sehr spontan ihren Weg.

Beispiel: Bei der Vorbereitung eines Elterngespräches mit Hilfe von kleinen Figuren kann es vorkommen, dass die pädagogische Fachkraft »aus Versehen« eine zusätzliche Figur aufstellt. *»Ach, hier habe ich mich vertan, schnell weg!«* kann eine mögliche Reaktion sein. In Elterngesprächen ist es allerdings auch schon vorgekommen, dass Eltern die Figuren sahen und dann von sich aus über ein verstorbenes Kind (*Familiengeheimnis*) berichteten.

Beispiel: Bei einer anderen Familie hatte die pädagogische Fachkraft eine kleine Figur nahe der Mutter aufgestellt, ohne hierfür eine rationale Erklärung finden zu können. Im Elterngespräch teilte die Mutter dann mit, dass sie wieder schwanger sei und sich sehr darüber freue.

Auch in »spontanen« Versprechern kann sich Intuition zeigen und Unbewusstes treffend zur Sprache bringen und dem Gespräch eine sinnbringende Wendung geben. So kann die Erwähnung einer Tante eines Kindes zunächst auf Erstaunen treffen, wenn diese bislang aufgrund jahrelanger Missstimmungen innerhalb der Familie verschwiegen und ausgegrenzt wurde. Die Kindesmutter entschied sich nach langer Zeit wieder Kontakt mit ihrer Schwester aufzunehmen und erhielt von dieser unverhoffte Unterstützung bei der Erziehung.

Beispiel: Es kann vorkommen, dass eine spontane Äußerungen, Handlungen oder Empfindungen im ersten Augenblick keinen Sinn zu ergeben scheint. So können beim Erscheinen eines Vaters Gedichtzeilen mit einem eigenen Rhythmus ins Bewusstsein rutschen. In einem späteren Gespräch erwähnte der Vater, dass er seinem Sohn abends manchmal selber geschriebene kleine Geschichten erzählte, die nur wenige Sätze umfassten, an denen er und sein Sohn ihre helle Freude hatten *(»gutes Geheimnis«)*.

Eine andere Mutter mag in der pädagogischen Fachkraft eine Melodie hervorrufen, die in ihrer Beschwingtheit gar nicht zu der Überlastung und Gereiztheit passt, die diese mit sich trägt. Die Melodie erwies sich als eine verloren geglaubte Lebensmelodie der Mutter. Sie war überrascht, dass diese Lebensspur von ihr für andere noch spürbar war und nahm die offene Rückmeldung der pädagogischen Fachkraft zum Anlass, sich wieder vermehrt um eigene Bedürfnisse als erwachsener Mensch zu kümmern.

6.5 Zusammenfassung

Die Art der Umsetzung der Methoden kann sich im Laufe der Zeit verändern. Neue berufliche Erfahrungen, Fortbildungen und persönliche Erlebnisse spiegeln sich in der Art der Gesprächsführung wider. Bitte scheuen Sie nicht, neue Ideen bedacht und behutsam auszuprobieren und so Ihr methodisches Handwerkzeug zu erweitern. Ihr Mut wird sich auszahlen!

? *Fragen zur Selbstreflexion*

Welche Methoden passen aus Ihrer persönlichen Sicht im Moment am besten zu Ihnen? Welches sind Ihre Lieblings-methoden? Welche Möglichkeiten bieten diese Ihnen? Wo liegen die Grenzen Ihrer Lieblingsmethoden?

Wurde Ihnen schon einmal bewusst, dass Sie die Art, wie Sie Elterngespräche führen, veränderten?

Was hat Sie bewogen, die Art, wie Sie Elterngespräche führen, zu verändern? Welche Erkenntnisse haben Sie dabei gewonnen?

Wie ändert sich Ihr methodisches Vorgehen, wenn Sie das Elterngespräch zusammen mit einer Kollegin durchführen?

Welche Methoden würden Sie im Moment überhaupt nicht verwenden wollen, weil Sie denken, dass diese nicht zu Ihnen passen?

Was würde passieren, wenn eine Kollegin, mit der Sie zusammen ein Elterngespräch führen, eine Methode verwendet, die Ihnen gar nicht liegt?

Woran haben Sie in Elterngesprächen bemerkt, dass Sie über eine gute Intuition verfügen?

7. Schwierige Situationen in Elterngesprächen

7.1 Unausgesprochenes belastet das Gespräch

Die Einfühlung in andere Menschen stellt sich nicht immer spontan ein. Oft kommt es auch vor, dass Menschen uns fremd bleiben oder sie uns Verhaltensweisen und Einstellungen vorweisen, die wir selber ablehnen oder an uns selber nicht wahrnehmen und akzeptieren können. Ein Mensch, der sich mühsam das Rauchen abgewöhnt hat, wird den Kontakt mit Rauchern meiden.

Auch im Kontakt mit Eltern können einseitige oder beiderseitige Vorbehalte mitschwingen, die nicht immer bewusst verstehbar sind und sich in atmosphärischen Stimmungen und spontanen Gefühlsreaktionen und emotional gefärbten Handlungen niederschlagen können.

Eine Möglichkeit des Handelns besteht häufig in der Bestrebung, diese Gefühle und Stimmungen in irgendeiner Weise »in den Griff« zu bekommen. Das Ziel dieser Bemühungen ist, diese Regungen zu unterdrücken, verbunden mit der Hoffnung, diese Regungen aus dem Gespräch herauszuhalten und insbesondere für die Eltern nicht spürbar werden zu lassen.

Dieses Unterfangen gelingt selten. Die Folge ist, dass die momentane emotionale Grundlage der Beziehung zu den Eltern nicht angesprochen wird und »im Untergrund« seine Wirkung zeigt. Das Atmosphärische gewinnt gerade aus dem Versuch des Vermeidens heraus an Bedeutung und kann sogar das ursprünglich geplante Thema des Elterngespräches in den Hintergrund trafen lassen.

Das Gespräch stockt, es kostet viel Kraft, die eine emotional neutrale Haltung einzunehmen und beizubehalten, die eigene Motivation kann sinken. Die Eltern werden dies spüren und eventuell von sich aus versuchen, sich der Haltung der pädagogischen Fachkräfte anzuschließen *(»Vielleicht gibt es einen Grund, warum die Erzieherinnen schweigen«)*. So schließt sich der Kreis des Schweigens und Verschweigens.

Hinweis: Eine Alternative ist das offene Ansprechen der Atmosphäre (*»Ich habe den Eindruck, dass zwischen uns etwas mitschwingt, was zumindest mir schwer macht, mich auf das vereinbarte Thema einzulassen. Können Sie mir sagen, ob Sie das auch so spüren?«*).

Störungen: Es gibt viele Argumente für ein direktes Ansprechen der Gesprächsatmosphäre: Ruth Cohn, die Begründerin der themenzentrierten Interaktion, formuliert ein inzwischen sehr bekanntes Postulat: *»Störungen haben Vorrang«* (2009).

Mit Watzlawick (2011) ließe sich argumentieren, dass man nicht nicht kommunizieren kann. Der Versuch, Beziehungsthemen beiseite zu schieben, ist eine aktive Kommunikation, die im Kontakt mit anderen Menschen spürbar wird.

Wenn die gestörte Atmosphäre von den pädagogischen Fachkräften angesprochen wird, geben diese dem Unausgesprochenen eine Sprache und bieten den Eltern die Erlaubnis an, über die Atmosphäre und ihr Erleben dieser Atmosphäre zu sprechen. Die pädagogischen Fachkräfte übernehmen durch ihr Handeln eine **Modellfunktion** und öffnen den Weg miteinander über Beziehung zu reden. Das Reden über Beziehung im Elterngespräch kann die Eltern wiederum anregen, offener mit ihren Kindern zu reden und diese auf ihre unausgesprochenen Bedürfnisse anzusprechen (**Spiegeln**).

Mut zur Klarheit: Das offene Ansprechen der Atmosphäre und der eigenen Befindlichkeit dient aber nicht nur der eigenen Entlastung. Schulz von Thun (2011) spricht in diesem Zusammenhang von Selbstoffenbarung. Die ***reflektierte Selbstoffenbarung*** durch eine pädagogische Fachkraft hat vielmehr den Sinn, dem Elterngespräch einen neuen Impuls zu geben und einen emotionalen Prozess in Gang zu setzen, der zu einem guten Gelingen des Elterngespräches führt.

7.2 Verschwiegene Gewalt

Neben den offiziell vereinbarten Themen können sowohl für die pädagogischen Fachkräfte als auch die Eltern persönliche Absichten in das

Elterngespräch hineinspielen. So können Eltern gemeinsam oder unabhängig voneinander beabsichtigen im Elterngespräch etwas Wesentliches zu verschweigen.

Beispiel: Ein junger Vater mag seinen kleinen Sohn geschlagen haben und befürchten, dass sein Verhalten im Elterngespräch getadelt werden könnte. Die junge Kindesmutter hingegen mag bestrebt sein, das Verhalten ihres Partners zur Sprache bringen zu wollen. Gleichzeitig plagt sie die Angst, dass der Kindesvater sie dann für die aus seiner Sicht vollzogene Illoyalität als Partnerin bestrafen wird.

So hofft die junge Kindesmutter, dass eine der pädagogischen Fachkräfte das Thema offen ansprechen werde. Die pädagogischen Fachkräfte haben zu dieser Zeit aber noch keine Kenntnis, dass der Vater seinen Sohn geschlagen hat. Sie haben nur beobachten können, dass der Junge geweint hat und auf behutsames Nachfragen beharrlich geschwiegen hat. Die pädagogischen Fachkräfte vermuten, dass es familiäre Spannungen gibt und warten ab, ob der Junge Vertrauen fasst und sich offenbart.

Zum Reden ermutigen: In dieser Beziehungsdynamik werden verschiedene Strebungen deutlich. Die Botschaft des jungen Vaters könnte lauten: *»Dann komm ich halt, sag aber nichts«* (Lichti 2010). Die junge Kindesmutter wird hin- und hergerissen sein zwischen der Angst vor ihrem Mann und ihrer Verantwortung als Mutter. Die Botschaften, die sie sendet, werden eher auf der Ebene der Körpersprache wahrnehmbar: Blicke, ein verschlossenes Gesicht, bei Bemerkungen des Kindesvaters rutscht sie vielleicht auf dem Stuhl. Eine erfahrende pädagogische Fachkraft mag dieses Verhalten als Appell ansehen und sie auf ihr Verhalten ansprechen *(»Mir fällt auf, dass Sie immer wieder hin- und herrutschen, wenn Ihr Mann etwas über ihren Sohn sagt. Gibt es etwas, was Sie mir damit mitteilen möchten?«)*.

Hinweis: Es kann sein, dass diese Intervention nicht zu einem sichtbaren Erfolg führt und die Antwort *»Ach nichts«* lautet. Lassen Sie sich hiervon nicht täuschen! Zumindest haben Sie gezeigt, dass Sie die Kindesmutter wahrgenommen haben. Auch der Kindesvater weiß, dass Sie auf das Verhalten seiner Partnerin aufmerksam geworden sind. Zudem kann er das Verhalten seiner Partnerin durchaus als Reaktion auf sein eigenes Verhalten einschätzen. Das Wissen mit einem unausgesprochenen Thema wahrgenommen worden zu sein, kann als Ermutigung für ein späteres persönliches Gespräch zwischen der Kindesmutter und der pädagogischen Fachkraft führen.

Psychologischer Kommentar: Die Gefahr, die in dieser Gesprächssequenz lauert, ist die einer heimlichen unausgesprochenen Koalition zwischen der Kindesmutter und der pädagogischen Fachkraft gegen den Vater. Dieser wird diese Koalition merken und aus seiner Sicht deuten *(»Da habe ich etwas Schlimmes getan. Es war nicht richtig, was ich meinem Sohn angetan habe. Jetzt wird nicht nur meine Frau mich verachten, sondern jetzt habe ich auch noch die Erzieherinnen gegen mich. Am besten, ich sage nichts und komme auch nie wieder«).*

Beziehungsbotschaften aufgreifen: Die wahrgenommene Beziehungsbotschaft lautet: *»Was Sie getan haben, ist so schlimm, dass wir nur darüber schweigen können.«* Eine Möglichkeit, dieser Entwicklung entgegen zu steuern, wäre, den Kindesvater anzusprechen *(»Wie erklären Sie sich das Verhalten Ihrer Frau?«)* und ihn zum sprechen zu ermutigen. Die angebotene Beziehungsbotschaft lautet: *»Wir bieten Ihnen an über schwierige Aspekte in der Beziehung zwischen Ihnen und Ihrem Sohn zu reden. Wir sichern Ihnen zu, unvoreingenommen zuzuhören.«*

Das offene Ansprechen kann den Kindesvater ermutigen zu reden, anstelle beschämt und vielleicht auch wütend zu schweigen. Ein offenes Ansprechen erfordert etwas Mut, beschämende Bewertungen für einen

Moment beiseite zu lassen und beide Eltern einzuladen darüber nachzudenken, wie sie gemeinsam Momente der Überforderung und Überlastung vermeiden können. Offenes Ansprechen kann den Weg ebenen, Visionen einer guten Beziehung zwischen Eltern und Kindern und zwischen den Eltern selber zu entwickeln (Gammer 2009).

Hinweis: Schwierige Momente in Elterngesprächen erfordern viel Kraft, um die Eltern immer wieder zu motivieren und sie in konkreten Situationen zu befähigen offen zu reden. Meichenbaum und Turk (1994, S. 182–188) entwickelten 10 Gebote für die immer wieder notwendige Motivation in der Gesprächsführung. Eines dieser Gebote lautet: »*Gib niemals auf!*«

Schmidbauer formuliert es positiver und spricht vom »*Dranbleiben, der gelassenen Art Ziele zu erreichen*« (2009). Dranbleiben lässt sich begreifen als Form der Konzentration, ist aber mehr. »*Dranbleiben ist eine persönliche, menschliche Qualität, die damit zusammenhängt, eigene Ziele zu erkennen, sie zu verfolgen – und vor allem: sie auch wiederzufinden, wenn sie für eine Weile losgelassen haben*« (S. 9).

7.3 Ermutigungen (Motivation)

Es gibt verschiedene Möglichkeiten die Motivation von Eltern zu einem Elterngepräche zu fördern. Die Motivation bezieht sich dabei sowohl darauf, die Eltern zu einem Gespräch zu motivieren, als auch darauf, die Eltern zu bestimmten Verhaltensweisen gegenüber ihrem Kind. Nicht zuletzt bedarf es auch immer wieder einer Selbstmotivation für die pädagogischen Fachkräfte selber, sich auf für sie schwierige Eltern einzulassen und das Gespräch zu einem guten Ende zu führen.

7.3.1 Elterliche Kompetenzen fördern

Es gibt Eltern, denen es schwerfällt, ihr eigenes Verhalten gegenüber den Kindern zu überdenken, selbstständig einzuschätzen, eigene Ressourcen zu aktivieren und sich selbst als aktive handelnde erwachsene Menschen wahrzunehmen. Dies ist insbesondere der Fall, wenn Eltern ganz oder teilweise in Machtkämpfe mit ihren Kindern verwickelt sind. Sie erleben sich zeitweilig als machtlos und verstricken sich in Auseinandersetzungen mit ihren Kindern, bei denen die Möglichkeiten der Kinder weit überhöht und die eigenen Fähigkeiten als gering oder fast nicht existent angesehen werden. Das Verhalten der Kinder wird dabei nicht mehr als Ausdruck eigenen Erlebens des Kindes angesehen. Für ein Kind ist es ganz toll, zu erleben, dass es auch über sich selber oder etwas anderes Macht besitzt und diese anwenden kann. Das Verhalten des Kindes wird als Botschaft des Kindes zu den Eltern wahrgenommen *(»Ich schränke euch ein«)* und nicht als lustvoll freudige Selbstoffenbarung *(»Schau mal, was ich schon kann«)*.

Die Erkenntnis und das Erleben mit dem eigenen Handeln etwas bewirken zu können, motiviert Eltern zu sinnvollem Verhalten gegenüber ihren Kindern. Nicht immer sind sich Eltern bewusst, wie sie durch eigenes Handeln Kinder ihre Kinder fördern oder durch ihre eigene Existenz sinnvoll beeinflussen. Rückmeldungen über sinnvolles Verhalten als Eltern durch die pädagogischen Fachkräfte erhöhen oder wecken bei diesen das Bewusstsein in der Beziehung zu ihren Kindern wirksam handeln zu können. Kanfer (2011) spricht in diesem Zusammenhang von *Selbstwirksamkeit.*

Darüber hinaus vermitteln gezielte reflektierte Rückmeldungen emotionale Sicherheit bei den Eltern. Die Unterstreichung selbstwirksamen Verhaltens ist insbesondere bei unsicheren Eltern sinnvoll, die ihre eigenen Ressourcen und Fähigkeiten nicht sinnbringend in die Beziehung zu ihren Kindern einbringen können oder davon überzeugt sind, gegenüber ihren Kindern als Eltern versagt zu haben. Dieses Gefühl kann sich in Erziehungsresignation und Hoffnungslosigkeit äußern (Cecchin und Conen 2007, S. 34).

Im Folgenden sind einige Formulierungen aufgeführt, die die Eltern bewusst dazu anregen sollen, über sich selber und ihre Beziehung zu ihrem Kind nachzudenken und mögliche festgefahrene Überzeugungen zu überdenken (***Fragen zur Selbstreflexion***).

? *Fragen zur Selbstreflexion*

»Haben Sie schon einmal erlebt, dass Ihre Tochter schon beim ersten Mal auf Sie reagiert hat und gezeigt hat, dass sie wahrnimmt, was Sie ihr sagen?«

»Sie schildern, dass sich bei Ihnen der Eindruck verfestigt hat, dass Ihre Tochter niemals auf Sie hört und Ihnen immer wieder die kalte Schulter zeigt. Ich kann mir vorstellen, dass das auf Dauer für Sie sehr verletzend sein kann, wenn Sie sich immer wieder erfolglos um einen guten Kontakt zu Ihrer Tochter bemühen.«

»Gibt es bei Ihren Beobachtungen des Verhaltens Ihrer Tochter eine Ausnahme? Gab es irgendwann einmal in den letzten Wochen oder Monaten einen Moment, wo Ihnen gewahr wurde, dass Ihre Tochter Sie zu Ihrer Überraschung anschaut, Ihnen zuhört, und überlegt, was sie von Ihnen gehört hat und in irgendeiner Weise gut auf Sie reagiert hat?«

»Gab es während der letzten Zeit auch einmal einen vielleicht nur kurzen Augenblick, bei denen in Ihnen der Gedanke auftauchte, dass Sie vielleicht doch eine gute Mutter sind? Können Sie sich noch daran erinnern, was Sie damals getan haben und wie Ihre Tochter auf Sie reagierte? Vielleicht haben Sie eine Vorstellung davon, wie Ihre Tochter sich in diesem Augenblick gefühlt haben mag und wie Ihnen selber damals zumute war.«

Ressourcen der Eltern fördern: Interventionen wie diese zielen auch darauf ab, die Kompetenz der Eltern im Umgang mit ihren Kindern als gegeben anzuerkennenund zu fördern. Elterliche Kompetenz zeichnet sich u. a. durch Anerkennung, Anregung und Anleitung, Empathie, emotionale Wärme, Achtung und Respekt, kooperatives Verhalten, Struktur und Verbindlichkeit. Je nach eigener persönlicher Entwicklung kommen noch ein gut entwickeltes Selbstbewusstsein, Wissen um die eigenen Fähigkeiten und Grenzen und die Fähigkeit, von sich selber etwas Abstand nehmen zu können, hinzu. Die elterlichen Kompetenzen lassen sich als emotionale Kompetenzen, Handlungskompetenzen und Beziehungskompetenzen verstehen.

Hinweis: Der Glaube an die Möglichkeit, sich selber im Kontakt mit dem Kind verändern zu können, ist eine wichtige Motivationsquelle Hoffnung zu schöpfen die Beziehung zu dem eigenen Kind und damit auch die eigenen Reaktionen und Gefühle gegenüber dem Kind verändern und steuern zu können (Liechti 2010, S. 147).

7.3.2 Professionelle Selbstermutigung

Manchen Eltern fällt es schwer, von den pädagogischen Fachkräften Informationen und Rückmeldungen über ihr Kind (z. B.: langsame Entwicklung, eingeengtes Sozialverhalten, auffälliges Verhalten) zu erhalten. Hier besteht die Gefahr in eine reagierende Gegenrolle zu schlüpfen und gegen die Abwehr der Eltern zu kämpfen *(»Ich muss die Eltern unbedingt und jetzt sofort dazu bringen, dass sie einsehen, dass ihre Tochter zu einer Ergotherapeutin geschickt werden muss, auch wenn die Eltern keine Bereitschaft zeigen, meine Einschätzung wahrzunehmen und anzunehmen«)*. Hier ist es wichtig, die Handlungen der Eltern als Selbstoffenbarung über sich selber anzusehen *(»Wir sind noch nicht bereit zu hören, dass unserer Tochter in irgendeiner Weise nicht normal entwickelt ist«)*. Zu Verstrickungen kommt es, wenn das Verhalten der Eltern als persönliche Botschaft an die pädagogische Fachkraft aufgefasst wird. Diese Wahrnehmung kann dann als Angriff auf die Fachkompetenz oder den persönlichen Selbstwert aufgefasst werden (Kast 2006).

»Das Selbstwertgefühl ist die gefühlsmäßig verankerte Beziehung eines Menschen zu sich selbst und schließt die Akzeptanz der eigenen Person sowie Zuversicht in die eigenen Möglichkeiten ein« (Krause und Lorenz 2009, S. 51).

Hinweis: Die Wahrnehmung einer Äußerung als versteckte Ich-Botschaft (Selbstoffenbarung) schafft eine *gesunde Distanz* und hilft Ihnen auftretende Spannungen auszuhalten.

In einem schwierigen Elterngespräch kann es für die pädagogische Fachkraft sinnvoll sein, sich in ihrer Phantasie hilfreiche Menschen vorzustellen (z. B. verständnisvolle Freundinnen, kompetente Kolleginnen, erfahrene Ausbilderinnen), die ihr zur Seite stehen, ermutigen und ihre Hinweise zum weiteren Vorgehen geben. In Gedanken kann sie einen kurzen Dialog mit diesen Menschen führen, der sie stärkt. Eine kurze *Diskussion mit dem inneren Team* schafft Klarheit und mobilisiert eigene Ressourcen, aktiviert sozial kompetentes Verhalten und verhilft zu einer guten emotionalen Distanz zu sich selber (Schulz von Thun 2011).

Beispiel: In Gedanken können diese Menschen direkt zur pädagogischen Fachkraft sprechen. Die »beste Freundin« könnte zum Beispiel sagen: *»Ich bin immer ganz nahe bei Dir und gebe Dir Schutz.«* Die »erfahrene Kollegin« könnte zu ihr sagen: *»Du hast schon ganz viele schwierige Eltern erlebt und warst im Elterngespräch ganz ruhig und souverän und kompetent.«* Die »Ausbilderin« könnte neben ihr sitzen und mögliche Interventionen vorschlagen wie zum Beispiel: *»Spiegeln könnte die Eltern an dieser Stelle weiterbringen.«* Oder: *»Sprich doch jetzt mal den Vater auf seinen Sohn an.«*

Eine direktere Möglichkeit bieten *selbstermutigende* oder selbstreflektierende *Gedanken*, die auf die Aktivierung eigener Ressourcen abzielen. *»Diese Eltern sind wirklich schwierig. Ich werde viel Geduld brauchen, um diesen Eltern aufzuzeigen, wie eine ruhige und liebevolle Beziehung zu ihrem Sohn aussehen könnte. Ich werde dranblieben und darauf hoffen, dass die Eltern dann so geduldig mit ihrem Sohn umgehen können wie ich jetzt mit ihnen.«*

Hinweis: Mit ihren Selbstermutigungen fördern Sie indirekt auch das Erleben Ihrer Selbstwirksamkeit als pädagogische Fachkraft.

7.4 Beziehungsfallen

Im Kontakt mit jungen Eltern wird es immer wieder vorkommen, dass diese noch in das Beziehungsgefüge ihrer Herkunftsfamilien verstrickt sind und diese Thematik in die Gespräche mit den pädagogischen Fachkräften mit hineintragen.

Ältere pädagogische Fachkräfte laufen hier Gefahr ohne eigenes Zutun in die Rollen von Eltern gedrängt zu werden, die ein vertrauensvolles fachlich notwendiges Gespräch verhindern oder beeinträchtigen.

Beispiel: Ein humorvolles Ansprechen kann helfen, dieses Thema sprachfähig zu machen: »*Ich habe den Eindruck, dass Sie mich im Moment so wahrnehmen, wie Sie ihre eigene Mutter erlebt haben als jemand, die Sie immer wieder kritisiert und vor der Sie deshalb in Hab-Acht-Stellung geraten. Mein Anliegen ist jedoch, mit Ihnen darüber zu reden, was Sie im Umgang mit Ihrem Sohn gut machen und ihn dadurch in seiner Entwicklung unterstützen. Wäre es Ihnen möglich, mir ein kleines Zeichen zu geben, wenn Sie merken, dass Sie in unserem Gespräch wieder in den Sog Ihrer Mutter geraten und der Rolle, die Sie im Kontakt mit Ihrer Mutter eingehen? Dann könnten wir hier miteinander bereden, wie Sie den Schatten Ihrer Mutter hier aus unserem Gespräch zwischen Ihnen als verantwortungsvoller Mutter und mir als pädagogischer Fachkraft fernhalten können.*«

Hinweis: Ein achtungsvoller und respektvoller Umgang mit den Eltern unter Einbehaltung einer gesunden Distanz kann ebenfalls die Unterschiedlichkeit zwischen dem Verhalten der pädagogischen Fachkraft und der von der jungen Mutter wahrgenommenen eigenen Mutter unterstreichen. Eine erfahrene pädagogische Fachkraft wird darauf achten, Hinweise und Handlungsmöglichkeiten aufzuzeigen. Die Entscheidung, was junge Eltern hiervon annehmen und wie sie die Anregungen konkret umsetzen, liegt bei den Eltern selber.

Im Kontakt von jungen Eltern mit jüngeren pädagogischen Fachkräften lauert die Gefahr, dass die Eltern den pädagogischen Fachkräften ihre fachliche Autorität absprechen und die pädagogische Fachkraft in eine Verteidigungshaltung gerät. Wenn die Äußerungen der Eltern als persönliche Botschaft *(»Diese Mutter wertet mich ab!«)* aufgefasst werden, kann die pädagogische Fachkraft in eine Auseinandersetzung um das Thema »Anerkennung und Abwertung« hineingezogen werden.

Fragen nach der beruflichen Ausbildung können auf Neugier und Interesse der Eltern hinweisen, spiegeln aber auch Zweifel an der Kompetenz wider. Ein anderer Aspekt ist die Suche nach Sicherheit: *»Weiß die jüngere pädagogische Fachkraft wirklich so viel mehr als wir als Eltern und kann sie uns nicht nur verstehen, sondern auch wirklich weiterhelfen?«*

Hinter der Frage, ob die pädagogische Fachkraft eigene Kinder hat, steht manchmal die Frage nach der Lebenserfahrung der pädagogischen Fachkraft. Eine Mutter, die ihr Kind den pädagogischen Fachkräften anvertraut, wird aufgrund der eigenen Lebenserfahrung und der Beziehung zum eigenen Kind annehmen, dass eventuell nur eine Mutter die Beziehung zwischen einer Mutter und einem Kind nachfühlen kann. Diese Haltung wird aus persönlicher Sicht ihre Berechtigung aufweisen. Die Wertigkeit einer professionellen pädagogischen Fachkraft wird dadurch allerdings nicht aufgehoben oder gemindert. Die Beziehungen zum Kind unterscheiden sich u. a. in ihrer Nähe und Distanz zum Kind.

Hinweis: Eine Möglichkeit, diese Auseinandersetzung geschickt zu umschiffen, liegt darin, die eigene Kompetenz souverän anzusprechen und zu zeigen, in welchem Bereich die pädagogische Fachkraft über Kompetenzen verfügt, wie diese sich im Kontakt mit den Kindern und im Gespräch mit den Eltern zeigen und die Eltern dazu zu ermutigen, diese Kompetenz anzuerkennen.

»Was bedeutet Kompetenz für Sie? Woran an meinem Verhalten würden Sie für sich festmachen wollen, ob Sie mich als fachlich kompetent einschätzen können? Woran erkennen Sie meine Kompetenz und woran könnte ich an Ihrem Verhalten merken, aus welchen Blickwinkeln Sie meine Kompetenz wahrnehmen und beurteilen?«

7.5 Streitende Paare im Elterngespräch

Gelegentlich fangen Eltern an, vor den Augen und Ohren der pädagogischen Fachkräfte zu streiten oder Einzelheiten als Paar zu offenbaren. Der rote Faden für ein Elterngespräch bleibt auch in diesem Fall das Kind.

Die emotionale Selbstdarstellung eines Paares *(»Sehen Sie, so streiten wir immer wieder! Was meinen Sie dazu?«)* darf nicht als Aufforderung angesehen werden, auf die Beziehungsdynamik des Paares zu reagieren. Die Intervention der pädagogische Fachkraft könnte zum Beispiel lauten: *»Sie haben mir eben gezeigt, wie heftig und erbarmungslos Sie miteinander streiten können. Ich überlege mir, ob Ihre Tochter das auch miterleben musste, wie Sie streiten und ob Ihre Tochter dabei Angst empfand. Und ich frage mich, ob Sie schon einmal daran gedacht haben, wie Sie Ihre Tochter schützen können, wenn Sie es in Ihrer Beziehung als Erwachsene für unausweichlich halten, miteinander so heftig zu streiten.«*

Die persönlich formulierte Rückmeldung enthält eine Anregung zur *Selbstreflekxion*, eine Hinweis auf die Möglichkeit der *Selbststeuerung* als erwachsene Menschen und einen Appell, ihre *Verantwortung als Eltern* nicht aus den Augen zu verlieren.

Hinweis: Je nach Heftigkeit ist es ratsam, die Eltern mit einer etwas gefestigten Stimme anzusprechen und zu unterbrechen, um sich Gehör zu verschaffen und das Gespräch weiterführen zu können. Das Unterbrechen wird dabei häufig als unerlaubte Unhöflichkeit angesehen *(»Darf ich das?«)*. Die pädagogischen Fachkräfte geraten dann in die Rolle eines passiv abwartenden Menschen und verlieren dadurch an Handlungsfähigkeit und professioneller Autorität. Gleichzeitig können sich die pädagogischen Fachkräfte gut in die Rolle der kleinen Tochter einfühlen, die dem Streiten der Eltern und dem Übersehen-Werden durch die Eltern ausgeliefert ist. Wenn die pädagogischen Fachkräfte hier eingreifen und de Streit höflich, aber bestimmt unterbrechen, setzen sie den Eltern Grenzen und erlösen die Partner vielleicht auch von ewig gleichlautenden Streitritualen, die bei manchen Paaren sinnlos über mehrere Wochen aufrechterhalten werden. Durch das bewusste Unterbrechen spiegeln die pädagogischen Fachkräfte den Eltern deren Unhöflichkeit wider *(»Wir erlauben uns, die pädagogischen Fachkräfte zu übersehen und streiten uns jetzt«)* und helfen den Eltern dabei, sich selber bewusster wahrzunehmen. Die Antwort auf die Frage *»Darf ich?«* heißt: *»Ja, ich darf unterbrechen, weil es zu meiner Verantwortung als gesprächsführende pädagogische Fachkraft gehört.«* Voraussetzung hierfür ist eine *Rollenklarheit der pädagogischen Fachkraft*.

Unterschiedliche Sichtweisen der Eltern respektieren: Mögliche Interventionen bei Auseinandersetzungen über die unterschiedlichen Beziehungen zu Kind (können Formulierungen sein wie: *»Mir ist es wichtig, die Ansichten sowohl von Ihnen als Mutter als auch von Ihnen als Vater zu hören und zu verstehen. Ich gehe dabei davon aus, dass die jeweils unterschiedlichen Sichtweisen von Ihnen ihren Sinn und ihre Berechtigung haben. Wäre es Ihnen möglich, mir Ihre Überlegungen in Ruhe mitzuteilen?«*

Beispiel: Bei einer starken Dominanz eines der Elternteile könnte die Intervention auf die Stärkung des anderen Elternteils abzielen, um diesem die Möglichkeit zu bieten, die eigenen Gedanken und Beziehungserfahrungen darzulegen. *»Ich merke, dass Sie die ganze Zeit ganz still zugehört haben und so Ihrem Mann sehr viel Raum überlassen haben. Ich würde sehr gerne hören, wie Sie die Beziehung zwischen Ihrem Sohn und seinem Vater erleben?«* Eine Einladung zur Selbstreflexion bietet die Formulierung: *»Haben Sie eine Idee, wie es kommt, dass Ihre Frau die ganze Zeit so ruhig zuhört? Was glauben Sie, denkt Ihre Frau darüber, wie Sie über sich und Ihren Sohn reden? Ich habe bei unserem Gespräch ein paar Blicke Ihrer Frau aufgefangen, die mich neugierig machen, wie Sie (wendet sich an die Mutter) die Beziehung zwischen Ihrem Mann und Ihrem Sohn einschätzen?«*

7.6 Komplimente und Grenzverletzungen unter Erwachsenen

Ihre Rollenklarheit *schützt die pädagogische Fachkraft* davor, eine Koalition mit einem der Eltern gegenüber dem anderen Elternteil einzugehen. Sie verlöre sonst ihre Neutralität gegenüber beiden Eltern und ihre Professionalität. Einladungen zu einer Koalition sind ein beliebtes Manöver, um für Verwirrung zu sorgen und die ernsthafte Thematik des Elterngespräches zu unterlaufen (Berne 2002).

Beispiel: Verwirrungen können in Form eines persönlichen Komplimentes angeboten werden. Das Kompliment bezieht sich dabei nicht auf die fachliche Kompetenz der pädagogischen Fachkraft, sondern auf ihr persönliches Erscheinungsbild. Während die Bemerkung, *»Sie sehen heute gut aus«*, je nach Tonfall akzeptabel sein kann, drückt die Formulierung, *»Sie riechen so gut«*, eine Grenzverletzung aus. Hierbei ist jedoch zu bedenken, wer dies von den Eltern sagt, in welchem Ton diese Bemerkung ausgesprochen wird, welcher Blick verwendet wird und ob hierin eine versteckte Botschaft an die pädagogische Fachkraft oder die anwesende Partnerin mitschwingt. Hinzu kommt, dass es Menschen gibt, die die Kultur differenzierter Komplimente nicht gepflegt haben und in ihren Formulierungen unbeholfen wirken.

Ein Kompliment der Mutter des Kindes über die gute Kleidung des männlichen Erziehers in Gegenwart ihres Mannes kann einem ungehörten Wunsch entspringen, dass der Ehemann sich auch gut kleiden möge. Hier kann es hilfreich sein, die gute Absicht zu sehen und durch Spiegeln anzuerkennen: *»Ihnen ist eine gute und gepflegte Kleidung sehr wichtig. Ich kann mir denken, dass Sie auch bei Ihrer Tochter/Ihrem Sohn darauf achten, dass diese(r) reinliche und gepflegte Kleidung trägt. Hier in der Kita ist mir aufgefallen ...«*

Eindeutig grenzwertig sind Äußerungen wie *»Sie riechen heute so gut«* mit dem Versuch eines nahen Schnüffelns oder Berühren der Kleidung. Hier bedarf es klarer Worte, um eine angemessene Distanz wieder herzustellen: *»Bitte gehen Sie zwei Schritte zurück. Ich möchte nicht, dass*

Sie mir so nahe kommen und mich berühren.« Der Tonfall kann anfangs höflich sein, bei Nichtbeachtung der Grenzen aber auch klarer und schärfer werden.

7.7 Beziehungskultur in der Familie

Grenzverletzungen im Elterngespräch können auf mögliche Grenzverletzungen innerhalb der Familie hinweisen. Die Grenzziehung innerhalb der Familie kann dann im weiteren Gespräch erforscht werden (z. B. abschließbares Badezimmer, Klopfen an der Tür, Kind vor Dritten gegen den spürbaren Willen des Kindes entblößen). Die Wahrung von Grenzen zeugt von gegenseitigem Respekt, bietet Schutz. Diese Grenzen dienen auch der Sicherheit einer Person.

Hinweis: Es kann Aufgabe einer pädagogischen Fachkraft sein, diese destruktiven Grenzverletzungen von den Grenzüberschreitungen eines kleinen heranwachsenden Kindes zu unterscheiden.

Diese Grenzüberschreitungen sind notwendiger Bestandteil der Entwicklung eines Kindes. So können Kinder Regeln verletzen, weil sie diese Regeln nicht verstehen oder diese Regeln nicht zu ihnen passen. Grenzen werden überschritten, um neue Erfahrungen zu machen *(»Schau was ich schon kann«)*. Im Grenzüberschreiten beweisen die Kinder Neugier, Mut und wachsende Selbstständigkeit (Kessler 2009) und brauchen eine liebevolle Begleitung durch Erwachsene, die sie ermutigen und die Grenzüberschreitungen eines Kindes *nicht* als Grenzverletzungen an der eigenen Person missdeuten *(»Mein Kind ist böse und respektiert mich nicht!«)*.

Eine liebevoll ermutigende Begleitung durch Erwachsene erfordert aber auch, dass Erwachsene aus ihrem eigenen Leben kennen, sich Neuem und Fremden nicht zu verschließen, sondern sich aktiv mit Neuem und Fremden auseinandersetzen, es sich vertraut machen und es ins eigene Leben zu integrieren (Kast 2008, S. 76 ff.).

7.8 Rigide Vorstellungen der Eltern

Die Wertvorstellungen von Eltern und ihre Überzeugungen, was eine gute Erziehung sei, können sich von den Wertvorstellungen und dem Wissen der pädagogischen Fachkräfte sehr unterscheiden und einen Dialog zwischen den pädagogischen Fachkräften und den Eltern erschweren.

Während pädagogische Fachkräfte eine wachsende Selbstständigkeit eines Kindes fördern wollen, können Eltern das Bestreben haben, dass ihr Kind sich möglichst unauffällig in die Familie einfügt und die Regeln der Familie befolgt.

Die Förderung des Selbstwertes mag für pädagogische Fachkräfte ein wesentliches Ziel darstellen, für manche Eltern sind Gehorsam und einseitiger Respekt der Kinder gegenüber den Eltern Merkmal einer guten Erziehung.

Beispiel: Die ernsthafte Frage einer pädagogischen Fachkraft, *»Was möchtest Du?«*, an ein Kind mag für diese selbstverständlich sein. Das Kind hingegen reagiert unsicher und verständnislos, weil es diese Frage und ihren Sinn nicht kennt.

Die ethische Überzeugung, dass Beziehungen zu Kindern gewaltfrei gestaltet werden, treffen auf den Erfahrungshintergrund der Eltern, die zu den Schlägen und Demütigungen, die sie selber als Kinder erlebten, keine lebbare Alternative gefunden haben.

Die Beispiele weisen auf unterschiedliche Grundüberzeugungen in der Beziehungsgestaltung zwischen Menschen hin. Grundüberzeugungen sind eng mit der eigenen Identität als Mensch verknüpft und werden daher häufig eher verteidigt als hinterfragt.

Die Chance eines Elterngespräches liegt nicht nur darin, die eigene Position darzulegen *(»Als pädagogische Fachkräfte stehen wir für eine gewaltfreie Erziehung der Kinder«)*. Die eigene Position kann im Dialog mit den Eltern begründet werden *(»Wir sind überzeugt, dass eine gewaltfreie*

Beziehung zu Kindern auf Dauer dazu beiträgt, dass die Beziehung zwischen Kindern und Eltern sich als tragfähig erweist.«)

Hinweis: Gegenseitige Wertschätzung und wechselseitiger Respekt erhöhen die Wahrscheinlichkeit, dass die Beziehung zwischen Ihnen und Ihren Kindern auch dann noch anhält, wenn Ihre Kinder, die jetzt so klein sind, selber erwachsen sind«).

Diese Intervention zielt auf eine möglicherweise langlebige gute Beziehung zwischen Eltern und Kindern hin und deutet an, dass auch die Erziehung der Kinder durch die Eltern wechselseitig ist.

Beispiel: Die Anschlussfrage könnte lauten, was die Eltern jetzt tun können, um bei ihren Kindern einen Grundstock dafür zu legen, dass diese Kinder im Verlaufe ihres Lebens an einer aktiven Pflege einer lebendigen Beziehung zu ihren Eltern interessiert sind und freiwillig eine Begegnung mit ihren Eltern suchen.

Es kann sein, dass der Dialog an dieser Stelle zunächst ins Stocken gerät. Eine wertschätzende Aufforderung an die Eltern, ihre Sichtweise einmal darzulegen, kann dazu führen Überzeugungskämpfe geschickt zu umfahren.

Eine wertschätzende Haltung, verbunden mit neugierigem Nachfragen, Zusammenfassung der Begründungen und Erfahrungen eines eher rigiden Elternteils können dazu führen, dass der Vater oder die Mutter im Gespräch mit den pädagogischen Fachkräften eine Alternative zu ihrem eigenen Vorgehen im Kontakt mit ihren Kindern erleben und spüren, dass ihnen ein wertschätzender Umgang selber gut tut.

Die Erfahrung zeigt, dass es auch in den Schilderungen sehr rigider Eltern Momente gibt, wo sie ihren Kindern liebevoll begegnen wollen und können. Manchmal reicht es, wenn die pädagogischen Fachkräfte *Ideen säen*, welche die Eltern zuhause in einem Eltern- und Paargespräch aufgreifen und überdenken (Ideen säen und reifen lassen).

7.9 Trennung der Eltern

Die Trennung von Paaren ist oft mit einer massiven *Abwertung* des jeweils anderen Partners verbunden. In Elterngesprächen, die während einer aktuellen oder vollzogenen Trennung geführt werden, müssen pädagogische Fachkräfte damit rechnen, dass diese Dynamik bei einem gemeinsamen Gespräch mit beiden sorgeberechtigten Eltern in das Elterngespräch hineingetragen wird *(»Beziehungsfallen«)*.

Beziehungsfallen: Mögliche Beziehungsfallen für die pädagogischen Fachkräfte liegen hier auch darin, auf Koalitionsangebote des einen oder anderen Elternteils einzugehen *(»Sie sind doch auch eine Frau. Was würden Sie denn tun, wenn Ihnen Ihr Mann weglaufen würde?«)* oder den oft ausführlichen Schilderungen über den jeweils anderen Partner uneingeschränkt Glauben zu schenken *(»Er hat nicht nur mich verlassen, sondern auch seine Kinder. Nie hat er auch nur ein einziges Mal angerufen und sich nach ihnen erkundigt!«)*. In dieser Situation ist eher damit zu rechnen, dass die Schilderungen verzerrt sind und eher der Selbstwertstabilisierung des klagenden Elternteils dienen.

Hinweis: Ein differenziertes Beziehungsbild ergibt sich, wenn die pädagogischen Fachkräfte mit beiden Eltern Kontakt halten und in den Gesprächen die unterschiedlichen Sichtweisen hören und annehmen.

Paare, die sich trennen, können so miteinander verstrickt sein, dass sie aufgrund selber erlittener psychischer Verletzungen zeitweilig vielleicht nur noch eingeschränkt dazu fähig sind, die Bedürfnisse ihres kleinen Kindes wahrzunehmen und in angemessener Art und Weise auf die Hinweise des Kindes *(»Was ich als Kind jetzt brauche, ist ...«)* zu reagieren.

Beispiel: So kann es zum Beispiel nach einer Trennung dazu kommen, dass die Mutter die Beziehung zu ihrem Kind immer enger gestaltet. Die Beziehung der Mutter zu ihrem Kind kann dann durchaus liebevoll sein. Die Bindung kann dabei sehr stark und eng werden.

Dabei läuft diese enge Beziehung Gefahr eher der psychischen Stabilität der Mutter zu dienen, so dass diese die Bedürfnisse des Kindes nach Autonomie aus den Augen verliert (Richter, 2010). Die Angst, sich selber zu verloren zu gehen, kann sich hinter einer Äußerung verbergen wie: *»Mein Kind möchte nichts mehr mit mir zu tun haben. Mein Sohn stößt mich weg. Jetzt habe ich Angst, dass mein Sohn doch lieber wieder zum Vater will.«*

Hinweis: Den pädagogischen Fachkräften obliegt in dieser Situation eine besondere Aufgabe, nämlich der Mutter dabei zu helfen, die Bedürfnisse Ihres Kindes wahrzunehmen, so dass dieses Kind seinen eigenen Entwicklungsweg gehen kann.

Die Aufgabe der Kindesmutter liegt darin, zwischen ihrer Rolle als erwachsene Frau *(»Ich bin verletzt worden und muss mich um mich kümmern«)* und ihrer Rolle als verantwortungsvolle Mutter emotional zu unterscheiden.

Ergänzende Angebote: In Krisensituation, die eine umfassendere Unterstützung erfordern, können die pädagogischen Fachkräfte auf ergänzende Beratungsangebote für Familien aufmerksam machen:

»Sie zeigen in unserem Gespräch recht deutlich, wie verletzt Sie aufgrund Ihrer Trennung sind. Ich danke Ihnen für Ihre Offenheit und Ihr Vertrauen. In unserem Gespräch heute möchte ich Sie in Ihrer Eigenschaft als Mutter/Vater von Johann ansprechen und mit Ihnen gemeinsam überlegen, was wir hier als pädagogische Fachkräfte und Sie als Mutter/Vater gemeinsam für Johann tun können. Ich gehe davon aus, dass Sie auch für sich selber vermehrt Unterstützung brauchen könnten und möchte Sie daher auf ein Beratungsangebot aufmerksam machen, das Sie für sich als erwachsener Mensch in Anspruch nehmen können. Aus unserer Sicht ist für Johann wichtig, dass ...«

Diese letzte Formulierung lenkt die Aufmerksamkeit wieder auf das Kind und hilft dabei, etwas Abstand zu der eigenen emotionalen Befindlichkeit zu schaffen.

7.10 Zurückhaltende Väter – zurück gehaltene Väter

Auch für kleine Kinder, Söhne wie Töchter, sind Väter wichtig. Eltern können sich gegenseitig in der Erziehung der Kinder unterstützenund gerade aufgrund ihrer unterschiedlichen Haltungen ergänzen und sich gegenseitig als Eltern fordern.

Väter bilden aber auch ein Gegengewicht zu den Kindesmüttern (z. B. strenges vs. gewährendes Elternteil) und ermöglichen so innerhalb der Familie für die Kinder ein differenziertes soziales Lernen.

»Früher glaubte man, der Vater sei frühestens ab dem Schulalter bedeutsam für die Kinder. Heute weiß man, dass er schon im ersten Lebensjahr ganz wichtige Funktionen erfüllt, und zwar in der Dreiecksbildung Mutter – Vater – Kind. Bei dem schwierigen Prozess, bei dem sich das Kind aus der Symbiose mit der Mutter löst, muss der Vater die damit verbundenen Trennungsängste sozusagen abpuffern. Er bietet gleichzeitig schon sehr früh ein männliches Identifikationsobjekt. Die Mutter unterstützt eher das Bindungsverhalten, den gefühlsmäßigen Austausch, die Sprache, die Fürsorge, während der Vater sehr früh Erkundungsverhalten und Expansionswünsche der Kinder unterstützt. Das sind grundlegende Unterschiede, und das Kind braucht beides« (Petri, 2012).

Hinweis: Auch bei Elterngesprächen ist es wichtig, die Gleichwertigkeit von Vätern und Müttern im Blick zu haben und die Bedeutung beider Eltern aus der Sicht der Kinder wahrzunehmen. Zur Stärkung männlicher Sichtweisen kann es zudem sinnvoll sein, einen männlichen Erzieher in die Elterngespräche mit einzubeziehen.

Psychologischer Kommentar: Gerade in weiblich dominierten Sozialbereichen schleicht sich häufiger beabsichtigt oder unbeabsichtigt die Tendenz ein, Verhalten von Vätern ausschließlich aus weiblicher Perspektive wahrzunehmen und zu bewerten. Diese Tendenz wird auch durch das Verhalten von Männern begünstigt, die sich in der Erziehung eher zurückhalten und der Mutter das Terrain überlassen.

Diese Haltung wird oft auch durch eine spontane gute Verständigung zwischen den weiblichen pädagogischen Fachkräften und den Müttern unterstützt. Die Rolle und Bedeutung von Vätern in der Erziehung der Mädchen und Jungen kann in solchen Momenten in den Hintergrund gelangen.

Hinweis: Aus professioneller Sicht ist es hier wichtig entgegenzusteuern und Väter bewusst einzuladen und höflich auf ihrer Anwesenheit in den Elterngesprächen zu beharren. Sie erhalten durch die Anwesenheit beider Eltern einen guten Einblick in die Atmosphäre, die zwischen den Eltern herrscht. Durch Ihre Einfühlung erhalten Sie auch eine recht genaue Vorstellung darüber, wie das Kind sich in Gegenwart der Eltern fühlen und auf diese reagieren mag.

Das Bemühen um beide Eltern mag in manchen Momenten erscheinen wie ein nutzloses Hinterherlaufen. Für Männer kann es durchaus wertvoll und motivierend sein, wenn sie die Erfahrung machen, dass sie als Väter und der mit der Vaterschaft verbundenen Verantwortung von professioneller Seite eigenständig wahrgenommen werden.

Psychologischer Kommentar: Wenn Väter in den Gesprächen als Person abwesend sind, entstehen in den Elterngesprächen über den Kindesvater Bilder und Vorstellungen, die die subjektiven Erfahrungen der Kindesmutter widerspiegeln. Diese Einschätzungen können sehr realistisch sein, oft sind sie aber lediglich ein Zerrbild dessen, wie der Kindesvater sich als Elternteil und Partner wirklich verhält.

Beispiel: Frau K. erschien alleine zum Elterngespräch. Ihr Mann, so gab sie an, habe wohl kein Interesse an einem gemeinsamen Elterngespräch mit ihr im Familienzentrum. Hier zeige sich deutlich, so fuhr sie fort, sein mangelndes Interesse an den Kindern, während ihr alle Mühe der täglichen Erziehung obliege. Die Leiterin des Familienzentrums sagte daraufhin das Elterngespräch ab und setzte sich telefonisch mit dem Kindesvater in Verbindung. Bei diesem Telefonat stellte sich heraus, dass die Kindesmutter ihn von der an beide Eltern adressierte Einladung nicht in Kenntnis gesetzt habe. Seiner Einschätzung nach versuche seine Frau, ihn mit aller Macht aus weiten Teilen der Erziehung herauszuhalten und an den Rand der Familie zu drücken. Er sagte einem neuen Termin zu und erklärte sich bereit, dafür Sorge zu tragen, dass beide Eltern zu diesem Elterngespräch erschienen.

Es ist nicht zu unterschätzen, welche langfristigen Auswirkungen Elterngespräche, die beide Eltern mit einbeziehen und fordern, langfristig für die aktive Präsenz beider Eltern in der Erziehung der Kinder haben. Elterngespräche können wertvolle Anregungen zur Kooperation der Eltern untereinander anregen.

Das Bild vom Vater, der aufgrund einer überlasteten und klagenden Mutter die Kinder abends straft, ist ein Zerrbild des Potenzials, über das Väter verfügen.

Die Grundhaltung einer gegenseitigen Wertschätzung der Eltern untereinander ist die Basis einer wirklich partnerschaftlichen Erziehung der gemeinsamen Kinder.

7.11 Patchworkfamilien

Die Zusammenführung von zwei getrennten Familien können bei Kindern Trauer um den Verlust von Geborgenheit hervorrufen, bieten aber auch Chancen für neue und gelingende Beziehungen (Krähenbühl u. a. 2001).Die rechtlichen und die tatsächlich gelebten Beziehungen können in ihrer Qualität recht unterschiedlich sein.

Beispiel: Nach vollzogener Trennung äußert die Mutter während eines kurzen Gespräches, dass sie nun einen neuen Partner habe, der sich liebevoll um ihren Sohn kümmere. Mit glaubhafter Freude schildert sie, wie froh sie jetzt sei, dass ihr Sohn jetzt wieder einen *»wirklichen Papa«* habe. Sie möchte ihren neuen Partner deshalb zum Elterngespräch mitbringen. Das Sorgerecht liegt jedoch weiterhin bei den leiblichen Eltern des Kindes.

Die pragmatische Lösung sieht häufig so aus, dass die Erziehungsberechtigten die Menschen, die eine wichtige und tragende Beziehung zum Kind haben, ins Elterngespräch mit einbeziehen, zum Beispiel die Großeltern. Nicht nur in Einzelfällen kann es deshalb auch vorkommen, dass erziehungsberechtigte Väter nach der Trennung der Partnerschaft gemeinsam mit dem neuen sozialen Vater und der Kindesmutter im Elterngespräch mit den pädagogischen Fachkräften einvernehmlich miteinander beratschlagen, welches elterliche Verhalten dem Wohle des Kindes dient.

Diese pragmatischen Lösungen sind sinnvoll und notwendig. Sie tragen der Realität Rechnung, dass das Grundmodell Familie inzwischen in vielen Variationen auftaucht und Kinder in unterschiedlichsten Beziehungsnetzen aufwachsen, Bindungen eingehen und gedeihen.

Voraussetzung hierfür ist allerdings, dass sich die neue Familie in ihren Beziehungen als stabil erweist.

7.12 Zusammenfassung

Ob eine Situation als schwierig angesehen wird, hängt sicherlich auch von der beruflichen Erfahrung der pädagogischen Fachkraft ab. Auch spielt die eigene reflektierte Lebenserfahrung eine wichtige Rolle.

Eine aufmerksame Wachsamkeit in den Elterngesprächen hilft, schwierige Situationen und die mit ihnen verbundene Beziehungsdynamik wahrzunehmen, einen eigenen Standpunkt als pädagogische Fachkraft einzunehmen und zu bewahren und das Wahrgenommene achtsam und klar anzusprechen.

Persönliche Notizen über Elterngespräche (keine Namensnennung der Eltern) mit eigenen Kommentaren über die angewandten Methoden, schriftlichen Reflexionen über eigene Haltungen, überraschende Lösungsansätze, Ideen und Gedanken zu der Beziehungsdynamik der Eltern, der Familie und emphatische Notizen zur Lage des Kindes können über einen längeren Zeitraum hinweg einen wertvollen beruflichen Erfahrungsschatz aufbauen.

? *Fragen zur Selbstreflexion*

Welches Bild über Mütter, Väter und ihre Beziehung zu ihren Kindern habe ich mir im Laufe meines Lebens angeeignet?

Welche Erfahrungen haben mein Bild über die Beziehung zwischen Eltern und ihren Kindern geprägt? Dies können Erfahrungen im eigenen Leben oder berufliche Erfahrungen mit Eltern sein.

Wie lässt sich mein Idealbild über die Beziehungen zwischen Mutter und Kind, Vater und Kind beschreiben?

Welche schwierigen Elternsituationen kenne ich aus meiner Herkunftsfamilie? Wie habe ich diese Situationen als Kind erlebt? Habe ich erlebt, wie die Eltern diese schwierigen Situationen erfolgreich bewältigten?

Welche schwierigen Elternsituationen kenne ich aus meinem eigenen Leben als erwachsener Mensch?

Ist meine Haltung eher von Hoffnung geprägt *(»Schwierige Situationen lassen sich bewältigen«)* oder von Hilflosigkeit *(»Also, wenn die Eltern so zerstritten sind, lässt sich nichts mehr machen«)*?

Anhand welcher Kriterien bewerte ich Mütter als gute Mütter, Väter als gute Väter? Wie sind diese Kriterien entstanden?

Literatur

Ameln, F. v., Gerstmann, R. u. Kramer, J. (2009). *Psychodrama.* Heidelberg: Springer Medizin Verlag.

Anderssen-Reuster (2007). *Achtsamkeit in Psychotherapie und Psychosomatik. Haltung und Methode.* Stuttgart: Schattauer.

Berne, E. (2002). *Spiele der Erwachsenen: Psychologie der menschlichen Beziehungen.* Reinbek bei Hamburg: Rowohlt.

Bolby, J. (2005). *Frühe Bindung und kindliche Entwicklung.* München: Ernst Reinhard Verlag.

Buer, F. (2008). *Verantwortung übernehmen.* Buer, F. und Schmidt-Lellek, Chr. (2008). *Life-Coaching. Über Sinn, Glück und Verantwortung in der Arbeit.* Göttingen: Vandenhoeck & Ruprecht.

Cecchin, G. und Conen, M.-L. (2007). *Wenn Eltern aufgeben. Therapie und Beratung bei konflikthaften Trennungen von Eltern und Kindern.* Heidelberg: Carl-Auer.

Cohn, Ruth C. (2009). *Von der Psychoanalyse zur themenzentrierten Interaktion.* Stuttgart: Klett-Cotta.

Gammer, C. (2009). *Die Stimme des Kindes in der Familientherapie.* Heidelberg: Carl-Auer.

Holmes, J. (2006). *John Bolby und die Bindungstheorie.* München: Ernst Reinhard Verlag.

Kanfer, F. H., Reinecker, H. & Schmelzer, D. (2011). *Self-management-Therapie.* Heidelberg: Springer.

Kast, V. (2006). *Trotz allem Ich. Gefühle des Selbstwerts und die Erfahrung von Identität.* Freiburg im Breisgau: Herder.

Kast, V. (2008). *Lass Dich nicht leben – lebe. Die eigenen Ressourcen schöpferisch nutzen.* Freiburg im Breisgau: Herder

Kast, V. (2010). *Vom Sinn des Ärgers. Anreiz zur Selbstbehauptung und Selbstentfaltung*. Freiburg im Breisgau: Herder.

Kessler, E. (2009). Von der Kunst liebevoll zu erziehen. Sinnvoll Grenzen setzen und gute Laune bewahren. München: Ch. Beck.

Korittko, A. und Pleyer, K. H. (2011). *Traumatischer Stress in der Familie. Systemtherapeutische Lösungswege.* Göttingen: Vandenhoeck & Ruprecht.

Krähenbühl, V., Jellouschek, H., Kohaus-Jellouschek, M., Weber, R. (2001). *Stieffamilien. Struktur – Entwicklung – Therapie.* Freiburg im Breisgau: Lambertus.

Krause, Chr. und Lorenz R.-F. (2009). *Was Kindern Halt gibt. Salutogenese in der Erziehung.* Göttingen: Vandenhoeck & Ruprecht.

Lichti, J. (2010). *Dann komm ich halt, sag aber nichts. Motivierung Jugendlicher in Therapie und Beratung.* Heidelberg: Carl-Auer.

Maywald, J. (2009). *Kindeswohlgefährdung erkennen, einschätzen, handeln*. Broschüre der Zeitschrift *Kindergarten heute.* Freiburg im Breisgau: Herder

Meichenbaum, D. und D. Turk (1994). *Therapiemotivation des Patienten*. Bern: Huber.

Petri, H. (2012). *Interview.* http://www.erziehungstrends.de/Vaeter/Werte, zuletzt geöffnet am 21.05.2012

Richter, H.-E. (2010). *Eltern, Kind und Neurose: Psychoanalyse der kindlichen Rolle.* Reinbek bei Hamburg: Rowohlt.

Rogers, C. (2009). *Eine Theorie der Psychotherapie, der Persönlichkeit und der zwischenmenschlichen Beziehungen.* München: Ernst Reinhard Verlag.

Rudolf, G. (2012). *Diagnostik und Intuition*. Vortrag gehalten am 17.04.2012 während der Lindauer Psychotherapiewochen in Lindau am Bodensee.

Satir, V. (1989). *Mein Weg zu dir. Kontakt finden und Vertrauen gewinnen.* München: Kösel.

Satir V. (2004). *Kommunikation. Selbstwert. Kongruenz. Konzepte und Perspektiven familientherapeutischer Praxis.* Paderborn: Junfermann.

Schlippe, A. v. und Schweitzer, J. (1999). *Lehrbuch der systemischen Therapie und Beratung.* Göttingen: Vandenhoeck & Ruprecht.

Schlippe, A. v. und Schweitzer, J. (2010). *Systemische Interventionen.* Göttingen: Vandenhoeck & Ruprecht.

Schmidbauer, W. (2009). *Dranbleiben – die gelassene Art Ziele zu erreichen.* Freiburg im Breisgau: Herder.

Schmidt-Lellek, Chr. (2008). *Der Umgang von Fachkräften mit ihren Adressaten.* Buer, F. und Schmidt-Lellek, Chr. (2008). *Life-Coaching. Über Sinn, Glück und Verantwortung in der Arbeit.* Göttingen: Vandenhoeck & Ruprecht.

Schulz, A. (2010). *Selbstreflexion und soziale Kompetenz.* Organisationsberatung Supervision Coaching (OSC). 17 : 361–371 DOI 10.1007/s116130100203z

Schulz von Thun, F. (2011). *Miteinander reden, Band 1–3.* Reinbek bei Hamburg: Rowohlt.

Oerter, R. u. Montada, L. (2008): *Entwicklungspsychologie. 6. vollständig überarbeitete Auflage.* Weinheim: Beltz Verlag.

Watzlawick, P. (2012). www.paulwatzlawick.de/axiome.html; zuletzt geöffnet am 03.04.2012

Watzlawick, P., Beavin, J. H., Jackson, D. D. (2011). *Menschliche Kommunikation. Formen, Störungen, Paradoxien.* 12.te unveränderte Auflage. Bern: Verlag Hans Huber.

Wurll, P. (2007). *Achtsamkeit als therapeutische Grundhaltung.* Anderssen-Reuster (2007).

Stichwort

Z